경미한 인지, 언어장애 대상자를 위한

인지-의사소통장애 재활 프로그램

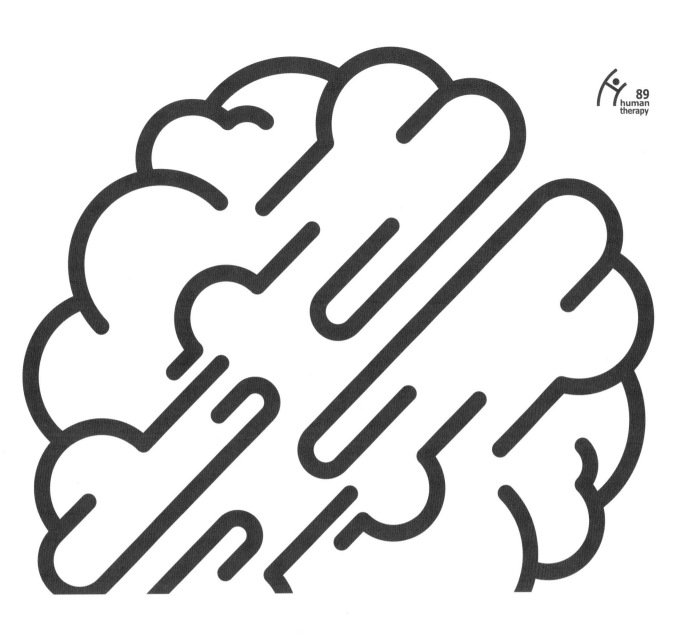

89
human
therapy

경미한 인지, 언어장애 대상자를 위한

인지-의사소통장애 재활 프로그램

김정완
장만순 지음

이담북스

이 책에 대하여

인지와 의사소통능력은 상호 연관되어 있습니다. 인지능력의 하위범주에 포함되는 문제해결력, 기억력, 비유언어 이해, 이름대기, 집행능력 등은 실제 구어/비구어 의사소통에서도 그 수행력이 드러나기 때문에 인지능력이 저하될 경우 의사소통능력 저하로 이어질 수 있습니다. 가령, 화용적 추론에 어려움이 생기면 담화 내에서 명제적 정보를 담아내지 못하거나 주어진 주제와 상관없는 정보를 산출할 수도 있습니다. 주의력이 저하될 경우에는 담화 내 응집성 저하, 잦은 주제 전환, 단기기억력 저하, 의미정보 인출 저하 등으로 이어지기도 합니다.

실어증, 경도인지장애, 치매 등 신경학적 의사소통장애 환자를 대상으로 한 언어치료 임상자료도 부족하지만, 특히 경미한 인지의사소통장애를 가진 환자들을 위한 자료는 더욱 부족합니다. 만성기 실어증 환자들은 병원 외의 환경에서도 지속적인 치료를 원하며, 퇴행성 인지장애를 경험하는 환자들 역시 재활 프로그램의 꾸준한 노출이 필요하지만, 활용할 수 있는 자료는 제한적인 편입니다.

따라서 실제 임상 장면에서 활용했던 자료들 위주로 검증된 활동을 포함하여 다음과 같이 『인지-의사소통장애 재활 프로그램』을 꾸려보았습니다. 이 자료는 실어증, 경도인지장애와 같은 후천적 뇌손상 환자들이 일상생활에 필요한 기능적 의사소통능력을 회복 및 유지할 수 있도록 도와주는 책입니다. 인지능력의 기초가 되는 시지각력부터 사회적 상황에서 적절하게 반응하는 화용언어능력까지 모든 인지-언어처리과정을 체계적으로 다루고 있고, 각 영역마다 다양한 활동과제를 구성하여 지루하지 않게 훈련받을 수 있도록 하였습니다. 치료실뿐 아니라 가정에서 환자 및 보호자가 손쉽게 활용할 수 있도록 구체적인 활용 팁도 제공하고 있습니다.

이 책은 성인 환자를 주 대상으로 하고 있으나, 수준에 따라 학령기 아동 및 청소년의 인지-언어능력 향상을 위한 교재로도 폭넓게 활용될 수 있으리라 생각됩니다. 장기적인 재활 치료에 필요한 본 재활 프로그램의 적용을 통해, 환자들이 더욱더 활발히 의사소통할 수 있도록 관련 전문가와 보호자들의 활용을 권합니다. 감사합니다.

대표 저자 드림

차 례

PART 6
문제해결 &
확산·추론능력

PART 7
사회적 언어능력

부록 · 정답

PART 1

시지각력

✦ 왼쪽 매트릭스를 보고 오른쪽 빈칸에 똑같이 표시해보세요.

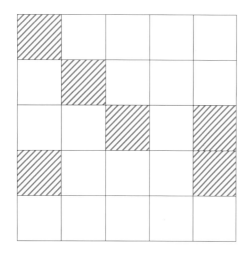
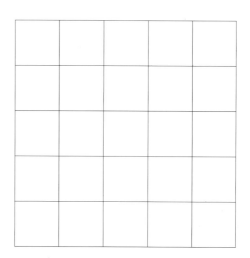

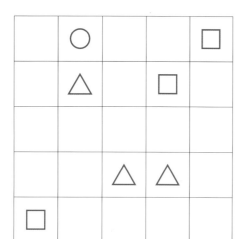
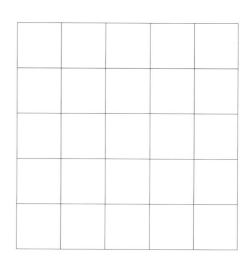

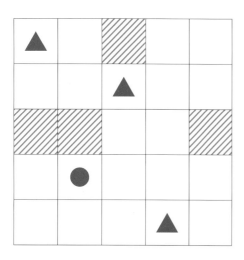
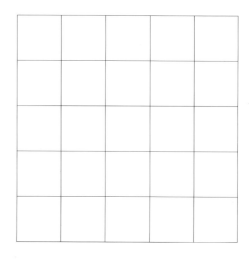

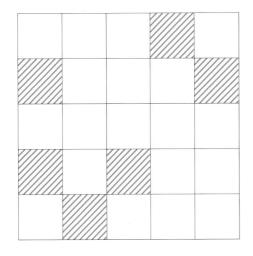

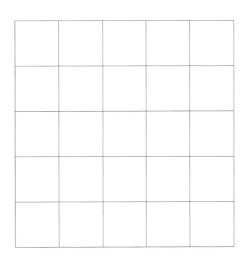

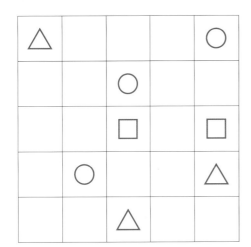

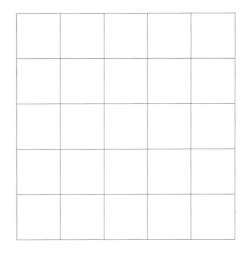

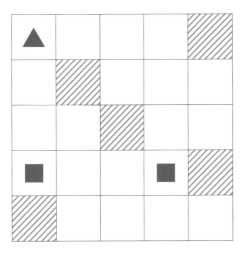

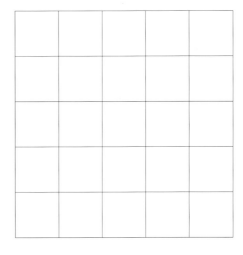

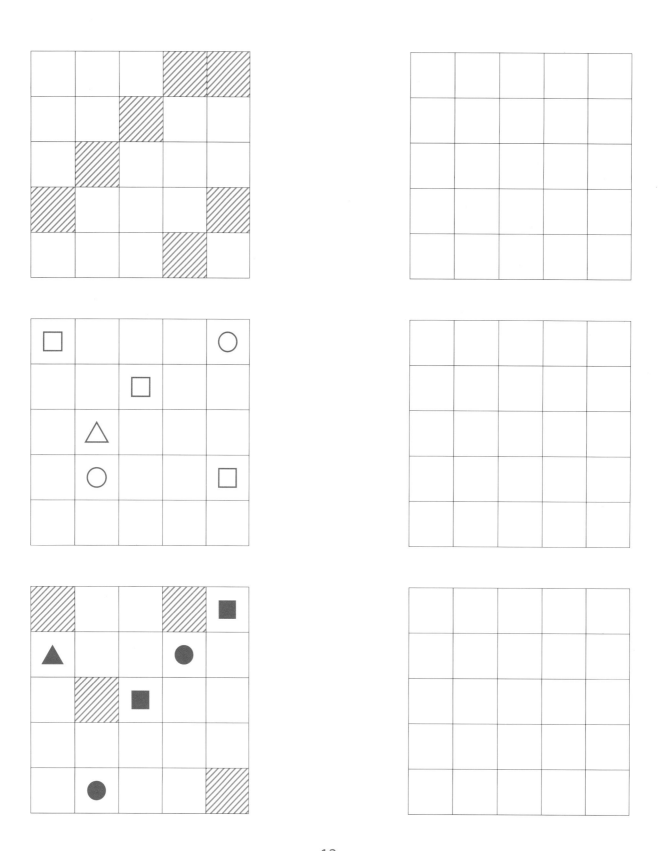

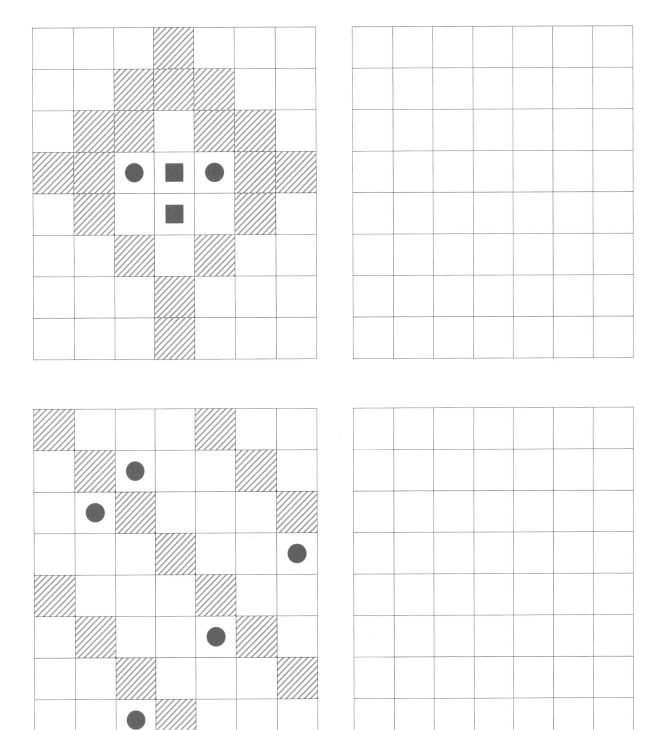

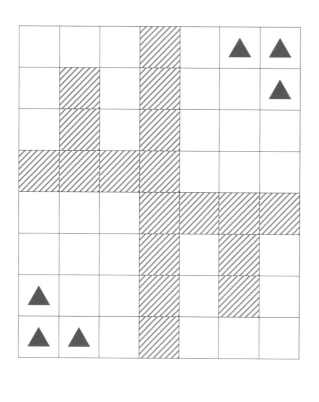

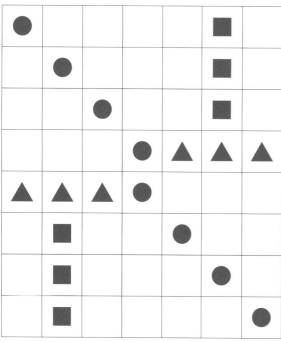

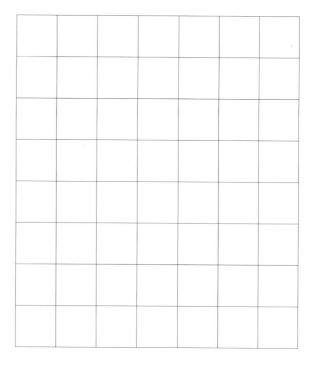

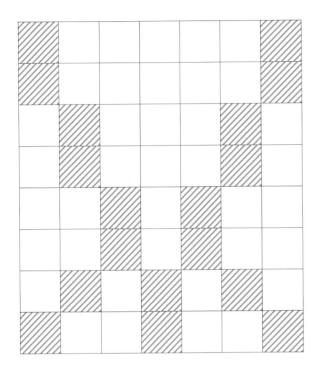

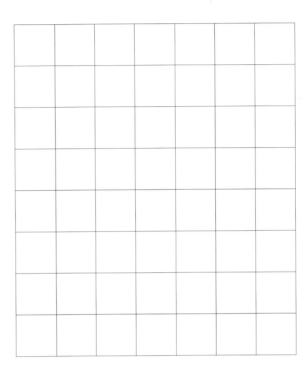

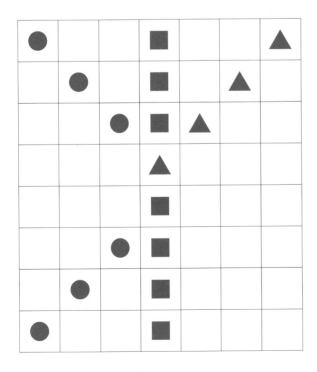

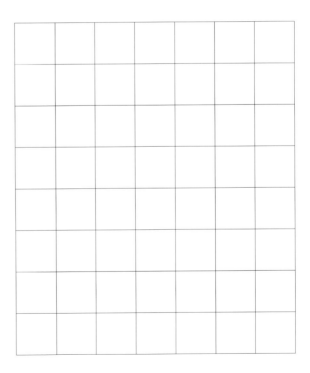

2

반대쪽 완성하기

✦ 점선을 기준으로 대칭이 되도록 나머지 그림을 그려 완성해보세요.

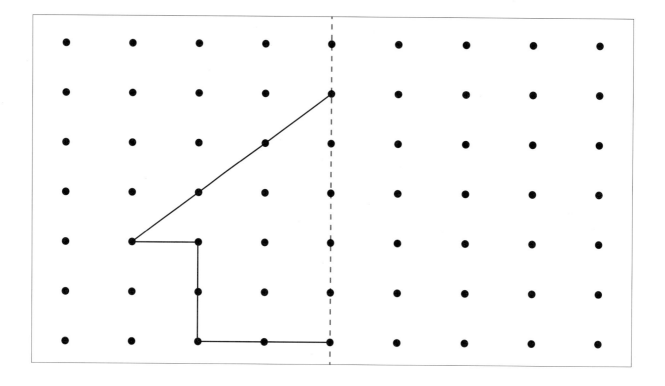

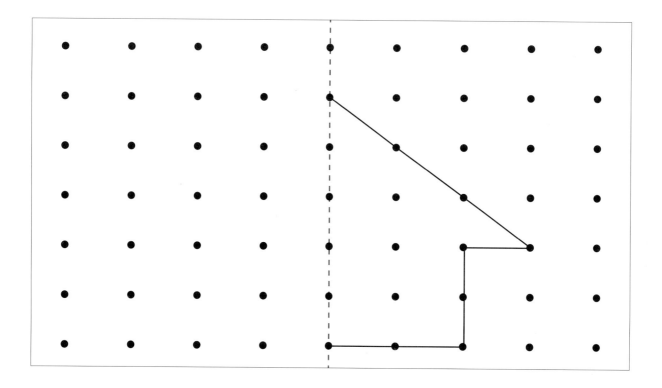

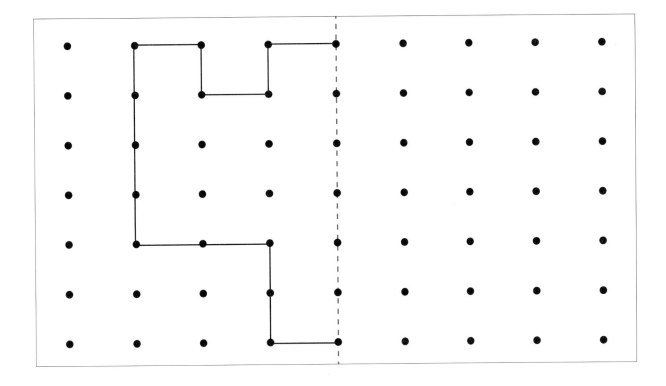

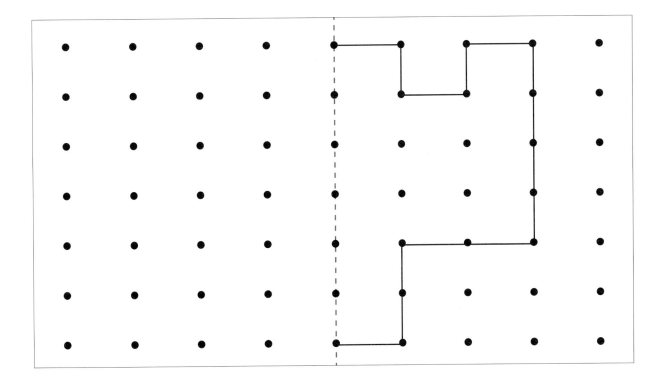

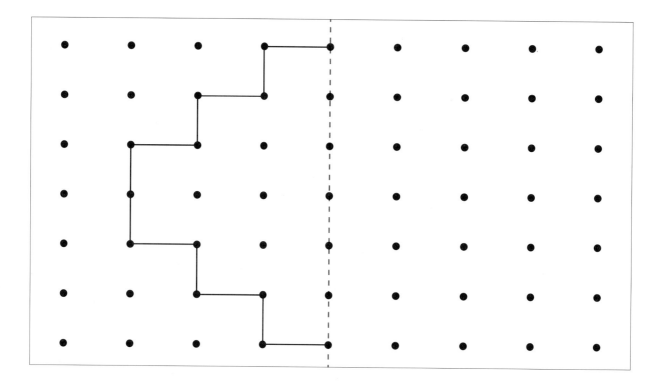

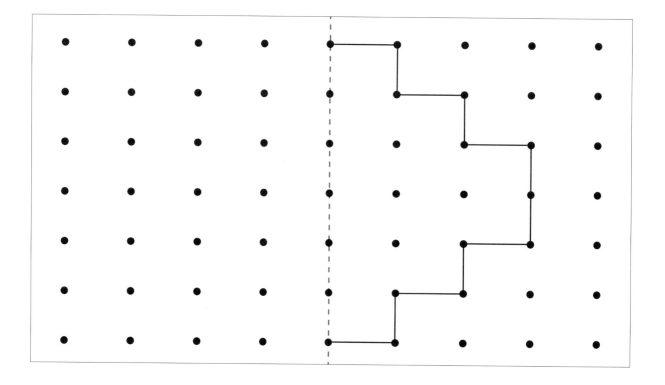

Tip 치료사나 보호자가 자유롭게 반쪽 그림을 그려서 활동을 진행해보세요.

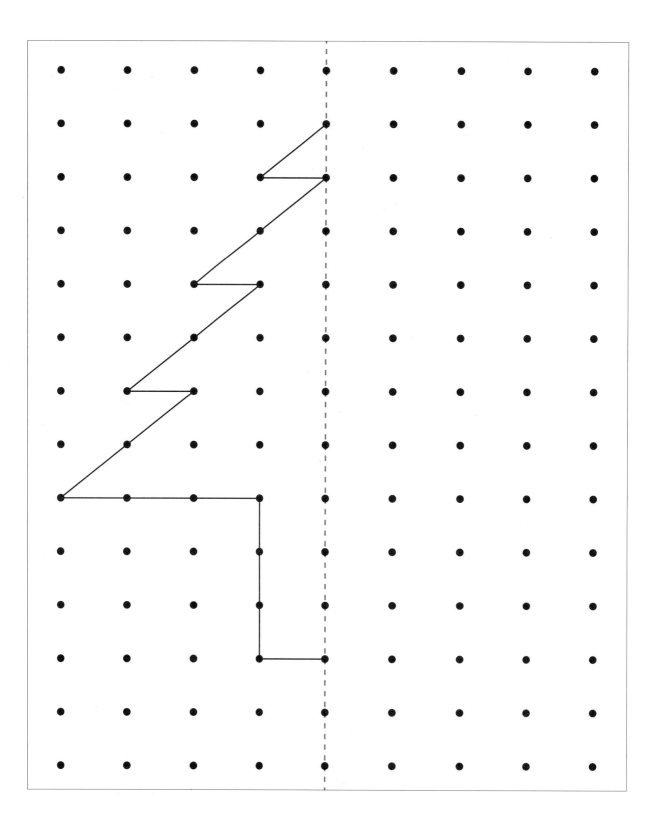

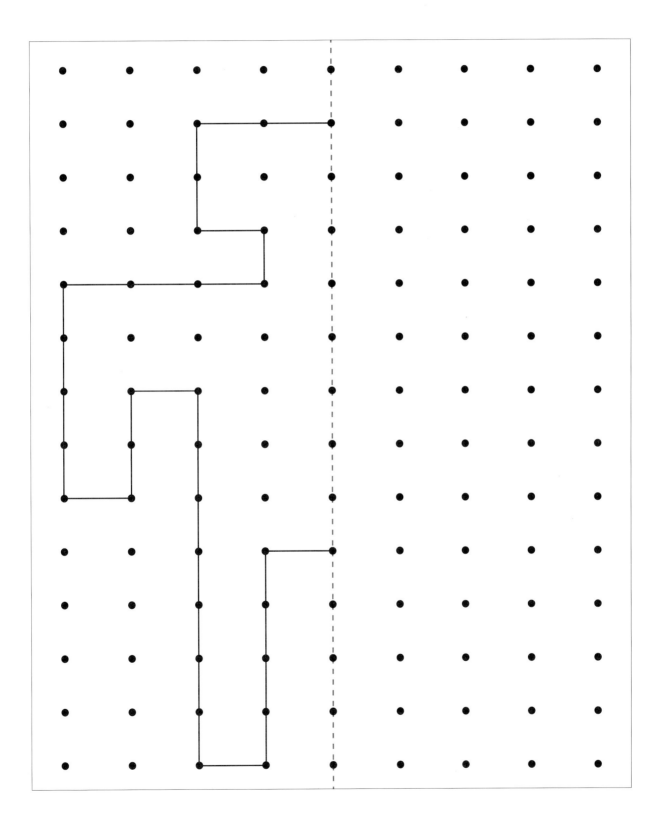

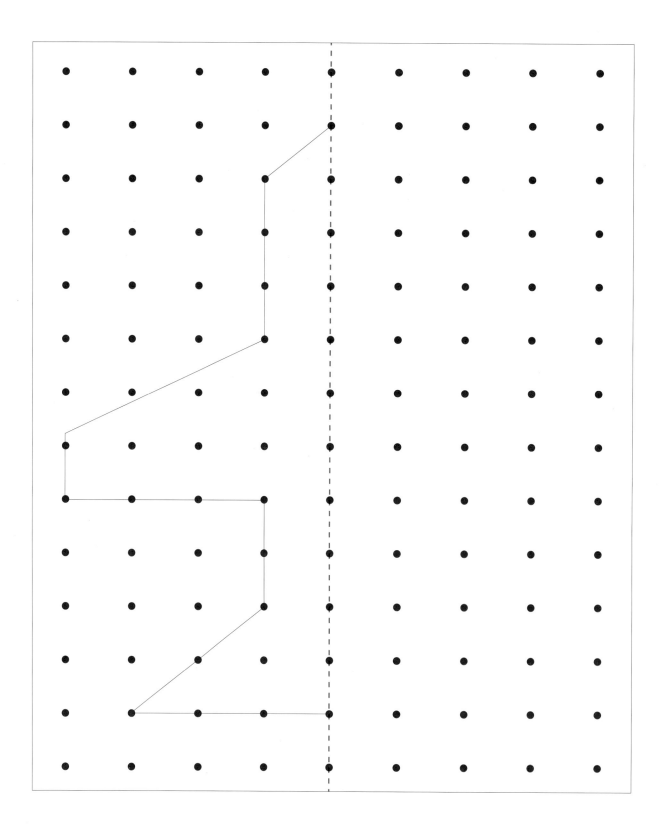

Tip 치료사나 보호자가 자유롭게 반쪽 그림을 그려서 활동을 진행해보세요.

3

다른모양 찾기

✦ 다른 모양을 하나 찾아 O표 해보세요.

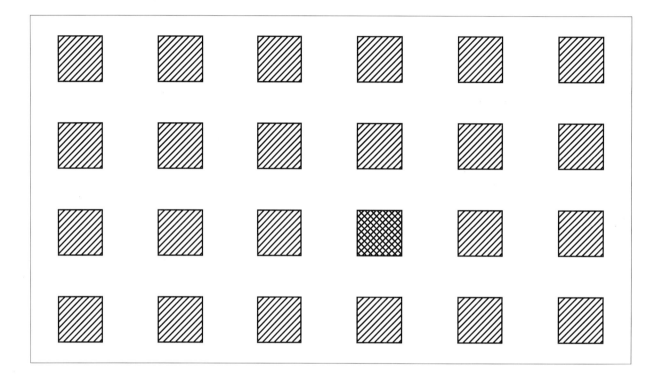

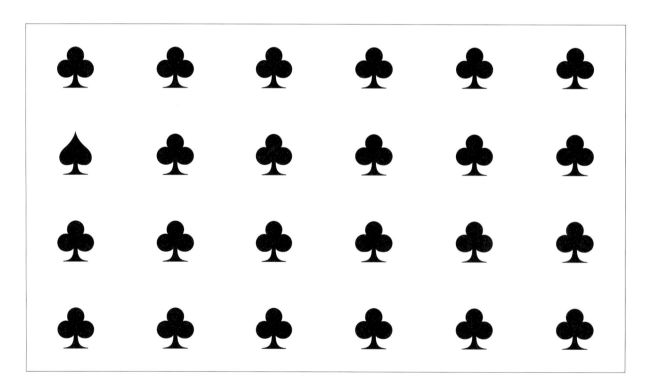

가　가　가　가　가　(가)

가　가　가　가　가　가

가　가　가　가　가　가

가　가　가　가　가　가

→　→　←　→　→　→

→　→　→　→　→　→

→　→　→　→　→　→

→　→　→　→　→　→

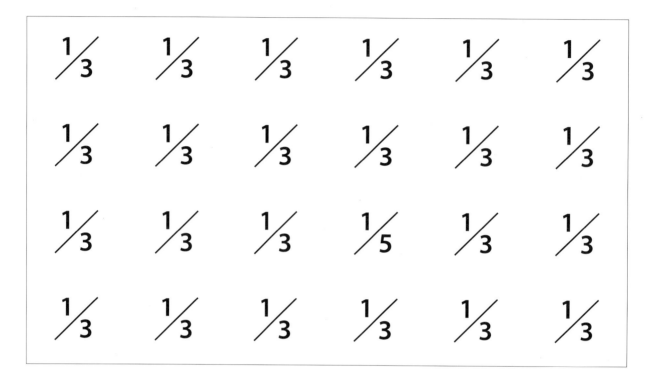

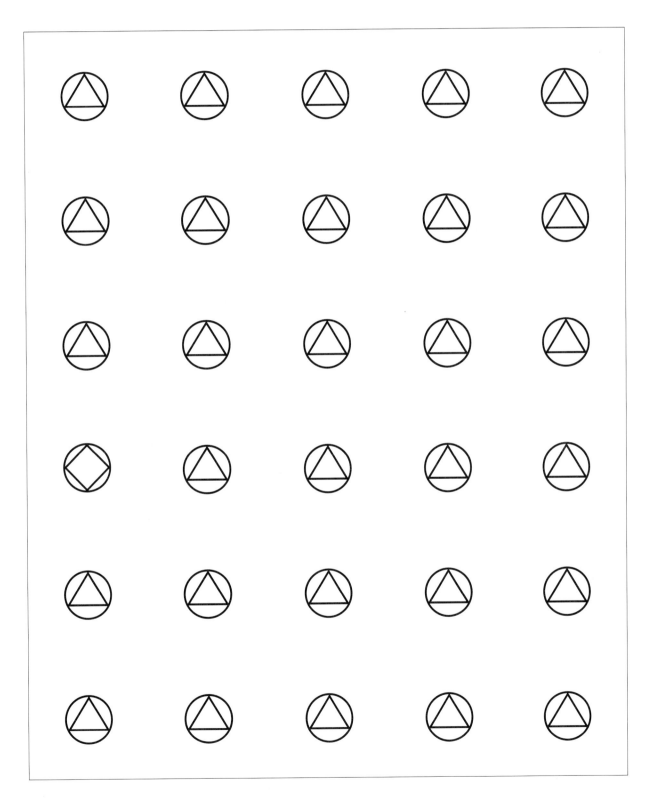

à   à   à   à   à

à   à   à   à   à

à   à   à   à   à

à   à   á   à   à

à   à   à   à   à

à   à   à   à   à

쿨 쿨 쿨 쿨 쿨

쿨 쿨 쿨 쿨 쿨

쿨 쿨 쿨 쿨 쿨

쿨 쿨 쿨 쿨 쿨

쿨 쿨 쿨 쿨 쿨

쿨 쿨 쿨 쿨 쿨

拍　　拍　　拍　　拍　　拍

拍　　拍　　拍　　拍　　拍

拍　　拍　　拍　　拍　　拍

拍　　拍　　拍　　拍　　拍

拍　　拍　　拍　　拍　　拍

拍　　拍　　泊　　拍　　拍

✦ '◫'를 모두 찾아 몇 개인지 적어보세요.

총 (   ) 개

✦ '◢'를 모두 찾아 몇 개인지 적어보세요.

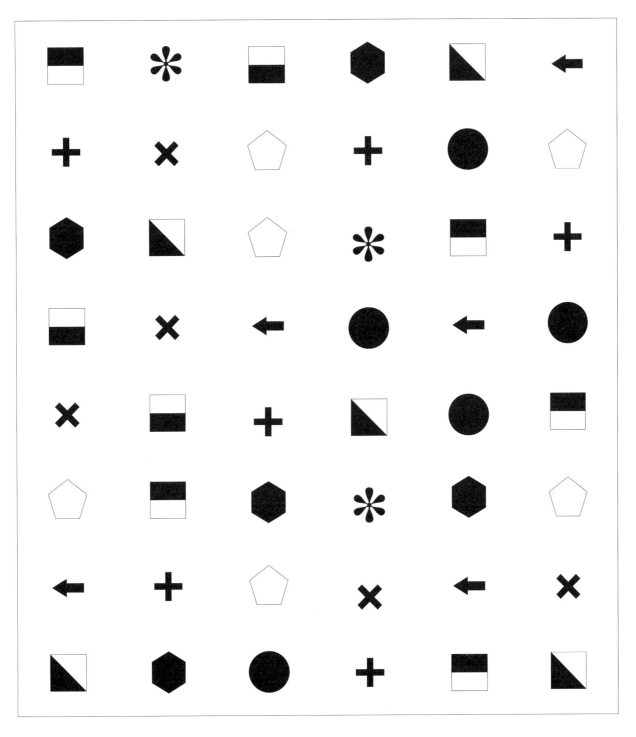

총 (   ) 개

✦ '공'을 모두 찾아 몇 개인지 적어보세요.

궁	기	겅	기	궁	곰
기	고	곤	공	곤	궁
가	기	궁	궁	가	깅
공	금	깅	금	곤	금
궁	가	금	감	궁	궁
감	금	곰	궁	골	궁
금	기	고	깅	기	공
골	궁	가	고	곤	공

총 (　　) 개

✦ '닐'을 모두 찾아 몇 개인지 적어보세요.

날	널	늘	니	글	닐
닐	닌	글	닌	늘	낼
니	글	날	널	닌	널
늘	날	닌	날	닐	닌
닌	닌	닐	글	늘	닌
늘	날	날	니	날	널
글	널	글	늘	닐	닌
늘	닐	닌	니	닌	글

총 ( ) 개

✦ '고래'를 모두 찾아 몇 개인지 적어보세요.

고레	구래	그려	고리	고레	고려
고래	고레	고려	그래	고래	구리
구래	고려	그려	고래	고려	구래
고레	그려	그래	고레	고리	그래
그래	고려	고래	고리	구래	고려
그려	고래	그려	구래	고레	고래
그래	고려	그래	구리	그래	고려
고래	고리	고래	고레	고려	그려

총 (   ) 개

✦ '치촉'을 모두 찾아 몇 개인지 적어보세요.

촉칙	칙촉	치족	칙초	촉칙	치촉
치초	치척	촉칙	칙촉	촉치	칙초
촉치	치촉	치초	칙초	치족	치초
칙초	촉치	치족	칙초	치촉	촉치
치촉	촉칙	칙촉	칙초	치초	촉칙
치척	치초	촉치	치척	치촉	칙촉
칙촉	촉칙	치척	칙초	촉칙	촉치
촉치	치촉	촉치	치초	치족	치촉

총 (   ) 개

특정 단어 찾기

✦ **보기에 있는 단어를 글자판에서 찾아 O표 해보세요.**

— 글자는 상하, 좌우로만 연결됩니다.

보기

키위	사과	딸기
(바나나)	복숭아	파인애플

바	나	나	스	승	소	아	괴	구
알	도	사	과	원	크	사	열	쟈
수	기	수	베	크	림	참	일	동
복	어	원	복	고	미	수	대	지
용	키	제	숭	망	바	종	파	쿠
비	위	실	아	종	자	무	인	농
수	딸	기	방	장	고	도	애	재
가	수	갈	무	외	사	수	플	인
술	피	목	코	둥	장	빔	안	수

<table>
<tr><td>보기</td></tr>
</table>

사슴	코끼리	고양이
표범	기린	하이에나

과	호	링	쥐	리	고	거	고	강
표	수	프	얀	강	꾼	하	양	수
범	코	아	펴	카	사	치	이	파
와	거	다	우	뒤	슴	기	마	진
할	하	이	에	나	빔	악	사	눌
우	일	우	슴	이	도	복	도	짐
산	포	공	새	숭	원	기	자	넘
누	코	끼	리	얄	아	린	상	기
갈	수	미	잔	반	착	진	술	팡

보기

도서관	은행	학교
병원	우체국	경찰서

태	원	도	대	올	결	경	림	수
는	도	유	권	돼	일	찰	먹	만
학	서	잘	나	영	래	서	소	잘
원	관	면	가	볼	화	싸	고	수
무	소	많	아	지	햄	은	행	파
에	바	포	우	슈	버	퍼	거	중
학	교	우	체	때	물	병	원	만
는	씨	콘	국	어	이	저	빙	길
산	굴	마	학	수	부	기	주	판

보기

| 도라지 | 대나무 | 디딤돌 |
| 독수리 | 더덕 | 두더지 |

지	리	지	덕	들	지	도	독	밀
디	도	자	덜	딥	두	더	수	사
독	라	모	더	너	더	둑	리	중
눅	지	저	덜	딕	지	스	둔	학
도	달	릭	덕	들	대	나	무	피
더	대	즈	날	수	디	매	너	구
둘	리	더	디	질	딤	지	집	피
딥	머	덕	수	두	돌	너	므	산
수	고	원	시	한	붐	갈	술	간

자두	주전자	잠자리
종소리	저녁	줄넘기

잠	자	리	참	종	살	소	넘	리
니	시	지	정	주	통	수	차	쟁
님	차	자	기	전	추	디	자	종
장	진	좀	진	자	말	짐	두	둑
자	촘	저	녁	님	소	소	침	님
루	밀	구	수	팔	참	양	디	쥐
줄	전	짐	잠	창	술	니	기	중
넘	장	니	종	소	리	자	문	송
기	진	토	줄	늠	알	졸	청	차

보기

하마	할머니	호주머니
훈장	허리	한숨

호	노	무	힙	니	말	할	머	니
주	리	주	허	종	히	수	니	수
머	혜	잘	리	송	일	홍	매	머
니	정	라	힙	허	훈	니	리	숨
허	신	팝	너	루	장	찰	힌	호
한	칸	술	학	발	숯	만	가	불
병	혜	판	놀	리	니	한	숨	훈
룰	루	바	혜	하	후	이	모	홍
홀	호	장	올	마	훌	루	물	시

PART 2

주의력

다른부분 찾기

✦ 왼쪽 단어와 다른 부분을 찾아 오른쪽 단어에 O표 해보세요.

복숭아	북숭아
발바닥	발가닥
분무기	분무가
시금치	시굼치
대통령	대통렁
올림픽	골림픽
연습장	연습작

경상도	경성도
여의정	어의정
아파트	아파크
허리띠	어리띠
화장품	화장뭄
할머니	할마니
오징어	오정어

고무줄	고부줄
벽걸이	벽걸리
시간표	서간표
금강산	곰강산
지하철	지호철
청와대	청와개
코감기	코담기

화장품	회장품
파랑새	포랑새
피아노	피어노
비빔밥	비빕밥
잠수함	잠수암
미역국	미억국
선생님	선성님

포도나무	모도나무
톱니바퀴	톱니가퀴
일기예보	일고예보
나무상자	나모상자
만리장성	만리장싱
종합병원	송합병원
높이뛰기	높이튀기

해바라기	애바라기
미꾸라지	미꾸거지
열대지방	열도지방
줄다리기	줄나리기
예방주사	에방주사
카네이션	카너이션
빨래집게	삘래집게

느티나무	느키나무
트레드밀	트레트밀
돼지고기	괘지고기
청둥오리	청동오리
허수아비	허수아미
딱다구리	딸다구리
고등학교	고등학고

바람개비	바램개비
지푸라기	지푸라이
영화배우	엉화배우
무당벌레	무덩벌레
된장찌개	된장찌게
큰아버지	근아버지
동서남북	동서남부

✦ **왼쪽 문장과 다른 부분을 찾아 오른쪽 문장에 O표 해보세요.** (1군데)

잠이 온다.	짐이 온다.
선물이다.	선불이다.
우산을 쓴다.	우산을 산다.
고추가 맵다.	고추가 밉다.
조끼를 벗는다.	조리를 벗는다.
학교에 간다.	학교에 온다.
떡볶이를 산다.	떡볶이를 판다.

화장실에 가고 싶다.   사장실에 가고 싶다.

음식을 고르게 먹는다.   음식을 모르게 먹는다.

난방 시설이 고장 났다.   냉방 시설이 고장 났다.

청바지를 입어본다.   청바지를 이어본다.

돈을 보았다.   돈을 모았다.

친구와 눈싸움을 한다.   친구가 눈싸움을 한다.

형광등을 켠다.   형광등을 끈다.

✦ **왼쪽 문장과 다른 부분을 찾아 오른쪽 문장에 O표 해보세요.** (2군데)

옷을 사고 현금으로 지불했다.　옷 사고 현금을 지불했다.

창밖에 비친 그림자가
너무 무섭다.

창밖에 비친 그림자는
너무 무서웠다.

식당에서 김밥 3줄을
포장해 와라.

매점에서 김밥 3줄만
포장해 와라.

주말에는 유튜브를 보면서
쉬었다.

주말에 유튜브 보면서
쉬었다.

신혼여행을 어디로 가나요?　신혼여행은 어디 가나요?

휠체어가 고장 나서
수리점에 맡겼다.

휠체어 고장이 나서
수리점에 맡겼다.

주말에 우체국에 가서
편지를 부쳤다.

주말엔 우체국 가서
편지를 부쳤다.

추운 겨울에는   추운 겨울은
난방을 해야 한다.   난방 해야 한다.

상록수처럼   상록수같이
늘 푸르게 살고 싶다.   푸르게 살고 싶다.

밥 먹고 나서   밥을 먹고 나서
마시는 커피가 제일 맛있다.   마시는 커피는 제일 맛있다.

동생의 책상을   동생 책상은
작은 방으로 옮겼다.   작은 방으로 옮겼다.

이사 간 친구가   이사를 간 친구가
너무 보고 싶다.   항상 너무 보고 싶다.

설거지를 할 때   설거지 할 때
세제를 조금 써야 한다.   세제를 조금만 써야 한다.

백화점에서   백화점에서는
신년 정기 세일을 하고 있다.   신년 세일을 하고 있다.

오늘 점심메뉴는 새싹을 넣은 비빔밥이다.	오늘 점심메뉴는 새싹 넣은 새싹비빔밥이다.
요즘에는 컴퓨터를 이용하여 문서를 작성한다.	요즘은 컴퓨터를 활용하여 문서를 작성한다.
마트에서 사온 음료수는 냉장고에 넣어 시원하게 한다.	마트에서 사온 음료수를 냉장고 안에 넣어 시원하게 한다.
부모님 용돈을 보내러 은행에 다녀왔다.	부모님 용돈을 보내려고 은행을 다녀왔다.
물건을 제자리에 두지 않으면 방이 금방 지저분해진다.	물건을 제자리 두지 않으면 방은 금방 지저분해진다.
다른 사람에게 통장과 신분증을 맡기는 것은 너무 위험하다.	다른 사람들에게 통장과 신분증을 맡기는 것은 정말 위험하다.
냄비에 물이 끓으면 라면과 스프를 넣는다.	냄비 물이 끓으면 라면과 스프를 넣어준다.

2 조건에 해당하는 단어 표시하기

✦ 'ㅈ'으로 시작하는 단어에 O표 하세요.

신발장	고구마	자전거	심부름
주전자	비행기	호랑이	지우개
개나리	잠자리	지하철	기와집
수제비	고드름	놀이터	거짓말

✦ ① 'ㄷ'으로 시작하는 단어에 O표 하세요.
  ② 'ㄱ'으로 시작하는 단어에 ×표 하세요 (중복표시 가능).

기와집	수세미	대학교	개나리
도자기	갈매기	굴착기	독수리
고구마	두더지	냉장고	호랑이
싱크대	정수기	다리미	가로등

✦ 세 번째 글자에 받침이 없는 단어에 O표 하세요.

손수건	유치원	개구리	잠수함	고추장
바느질	참기름	줄넘기	나무꾼	코뿔소
할머니	동화책	외양간	다람쥐	동창생
승무원	아파트	참기름	선착순	시금치

✦ ① 첫 번째 글자에 받침이 없는 단어에 O표 하세요.
② 세 번째 글자에 'ㄱ'이 들어가는 단어에 ×표 하세요(중복표시 가능).

민들레	돈가스	금붕어	라디오	만화책
목도리	울타리	초콜릿	선풍기	매표소
굴착기	포도주	목걸이	냉장고	월드컵
한라봉	송아지	비둘기	잠수함	비상구

✦ 첫 번째 글자에 모음 'ㅣ'가 들어가는 단어에 O표 하세요.

기러기	사다리	주차장	피아노	화살표
유모차	디딤돌	전화기	햄버거	결혼식
태극기	소방차	기와집	목욕탕	밀가루
칠면조	무궁화	운동화	리어카	하수관

✦ ① 두 번째 글자에 모음 'ㅏ'가 들어가는 단어에 O표 하세요.
　② 세 번째 글자에 모음 'ㅗ'가 들어가는 단어에 ×표 하세요(중복표시 가능).

산책로	수영장	양배추	자장가	홍당무
한의사	두꺼비	라디오	비둘기	변호사
시간표	태권도	옥수수	칠면조	가로등
피아노	비둘기	도시락	개나리	냉장고

✦ ① 'ㅂ'으로 시작하는 단어에 O표 하세요.

② 첫 번째 글자에 모음 'ㅜ'가 들어가는 단어에 ×표 하세요(중복표시 가능).

자전거	소독약	보자기	우체국	코끼리
배나무	간호사	코끼리	모닥불	부엉이
두더지	비둘기	보름달	공휴일	학부모
칼국수	면도기	드레스	물걸레	병아리
운동화	훈장님	굴착기	독수리	터미널
부잣집	살쾡이	컴퓨터	비행기	대통령

✦ 과일 이름에 O표 하세요.

바나나	나팔꽃	피아노	한라봉
거북선	원숭이	선생님	오렌지
자전거	아파트	청포도	어린이
복숭아	빗자루	고드름	팥빙수

✦ ① 음식 이름에 O표 하세요.
　② 나라 이름에 ×표 하세요.

육개장	단팥죽	비빔밥	캐나다
중국집	프랑스	카트만두	스페인
베트남	자장면	유치원	리모컨
칼국수	코뿔소	멕시코	미역국

✦ **가전제품 이름에 O표 하세요.**

세탁기	태권도	색종이	선풍기	코뿔소
동물원	줄넘기	라디오	수제비	청소기
마라톤	냉장고	어린이	구급차	스타일러
다리미	다람쥐	방송국	찹쌀떡	도토리

✦ ① **겨울과 관련된 단어에 O표 하세요.**
　② **꽃 이름에 ×표 하세요.**

소나기	눈사람	물망초	동백꽃	벽난로
수선화	사다리	까마귀	티셔츠	울타리
도서관	진달래	털모자	개나리	대나무
스키장	봉선화	솥뚜껑	고드름	설악산

✦ 'ㄷ'으로 시작하는 동물 이름에 O표 하세요(조류, 어류, 파충류 포함).

두더지	운동화	비행기	요리사	티셔츠
대나무	나팔꽃	두꺼비	간호사	카세트
도깨비	독수리	신호등	돌고래	저금통
물안경	지하철	돈가스	오렌지	구급차
삼각형	자전거	다람쥐	떡볶이	양배추
고양이	장난감	정류장	할머니	도마뱀

① '人'으로 시작하는 음식 이름에 O표 하세요.

② 세 번째 글자에 받침이 없는 단어에 ×표 하세요(중복표시 가능).

속눈썹	수제비	백두산	성탄절	샐러드
선인장	거미줄	생일날	저금통	꽃다발
소갈비	도시락	소시지	미용실	선착순
신호등	색연필	올림픽	미화원	기와집
가로등	젓가락	삼겹살	미술관	방망이
고구마	얼룩말	수영복	생선회	잠수함
당구장	화장품	축구공	참기름	이발사
화장실	자전거	한라산	삼계탕	가야금

✦ ① 세 번째 글자에 'ㄱ'이 들어가는 직업 이름에 O표 하세요.
② 첫 번째 글자에 'ㅣ'가 들어가는 단어에 ×표 하세요(중복표시 가능).

경찰관	놀이터	주사기	소나무	번데기
실내화	유치원	소방관	바구니	고무신
도자기	여객선	시간표	소설가	사진관
운동장	선인장	아저씨	금붕어	백두산
경비원	눈동자	원숭이	눈사람	백화점
기술자	도마뱀	교도관	비둘기	가로등
선생님	달팽이	머리띠	귀걸이	화장품
도화지	며느리	건축가	성악가	작곡가
곰팡이	시금치	립스틱	고무줄	면도기
밀가루	산딸기	금요일	엉덩이	사물함

✦ 문장을 읽고 <u>조건에 해당하는 단어</u>에 밑줄을 그어 표시해보세요.

◆ 동물 ◆

① 우리 집 개가 어제 새끼를 다섯 마리 낳았다.

② 고양이가 담장 위를 걸어 다닌다.

③ 철수야, 저기 코가 긴 동물이 바로 코끼리야.

④ 낙타는 사막의 중요한 이동 수단이다.

⑤ 우리 집 고양이는 뚱뚱해서 돼지처럼 걷는다.

◆ 과일 ◆

① 빨갛게 익은 사과가 탐스럽게 보인다.

② 나는 원숭이에게 바나나를 주었다.

③ 나는 동생과 딸기로 잼을 만들었다.

④ 어머니가 시장에서 키위를 사왔다.

⑤ 보라색 포도가 주렁주렁 매달려있다.

◆ 음식 ◆

① 철수야 너는 피자 말고 다른 거 먹고 싶니?

② 남은 나물을 모두 비벼서 비빔밥을 만들었다.

③ 식구들은 수육과 김치를 맛있게 먹었다.

④ 우리는 저녁으로 불고기를 구워 먹었다.

⑤ 날씨가 더워 아이스크림이 다 녹았다.

◆ 사람을 가리키는 단어 ◆

① 아버지는 회사 일로 매일 늦게 들어오신다.

② 수학 선생님은 너무 젊어 보여서 세 아이의 엄마같이 보이지 않아요.

③ 형은 자상하고 늘 너그러워요.

④ 저기 파란 옷을 입고 서 있는 아이가 내 동생이다.

⑤ 우리 삼촌은 영어 학원 강사를 한 지 3년이 되었어.

◆ 가전제품 ◆

① 반찬을 냉장고에 넣어 두었다.

② 가족은 모두 거실에 앉아서 텔레비전을 보고 있다.

③ 오디오에서 귀에 익은 노래가 흘러나왔다.

④ 민수는 컴퓨터를 사달라고 엄마에게 졸랐다.

⑤ 집이 너무 더워. 에어컨 켜도 될까?

◆ 학용품 ◆

① 연필로 글씨를 쓴다.

② 누가 내 볼펜을 말없이 가져갔니?

③ 지우개 좀 빌려줄래?

④ 나는 내일 스케줄을 수첩에 적었다.

⑤ 민호는 문구점에 가서 만년필을 샀다.

◆ 장소(건물) ◆

① 우리 집은 병원 바로 맞은편에 있다.

② 퇴근길에 우체국에 들러 소포를 부쳤다.

③ 약국에서 감기약과 위장약을 샀다.

④ 운동 후 목욕탕에 가서 몸을 씻었다.

⑤ 길에서 주은 지갑을 경찰서에 맡겼다.

◆ 생활용품 ◆

① 저녁을 먹고 칫솔로 이를 닦았다.

② 철수야, 마트 가서 전구 하나만 사올래?

③ 영희야, 수건 좀 가져다줄래?

④ 아버지는 휴지를 손에 둘둘 말아 화장실로 뛰어가셨다.

⑤ 종이컵에 담긴 뜨거운 물을 쏟았다.

✦ 문장을 잘 듣고 질문에 답해보세요.

> **Tip** 치료사 혹은 보호자는 문장을 보통의 속도(1초당 3~4음절 수준)로 읽어준 뒤, 대상자에게 질문을 해주세요.
> – 주의 깊게 듣고 이해하는 청각적 주의력 활동이나, 상황에 따라 읽고 푸는 활동으로 진행해도 됩니다.

1. 예쁘게 한복을 입은 아이들이 할머니와 할아버지께
   세배를 드리고 있다.

   → 오늘은 무슨 날일까요? _____

2. 철수가 정류장 앞에 있는 아저씨의 발을 밟았다.

   → 누가 발을 밟았나요? _____

3. 인성이는 초등학생 때는 과학자가 되고 싶었으나,
   고등학생이 된 지금은 공무원이 되고 싶다.

   → 인성이의 현재 꿈은 무엇인가요? _____

4. 안경을 쓴 인표에게 애라가 입장권을 주었다.

   → 원래 누가 입장권을 가지고 있었나요? _____

5. 도윤이가 서우를 벽장 속에 숨겼다.

   → 누가 벽장 속에 있나요? _____

6. 커피를 마시던 범수가 승기에게 화를 냈다.

   → 누가 화를 냈나요? _____

7. 효리를 따라간 재석이가 경찰관을 불렀다.

　→ 누가 따라갔나요? _____

8. 은지가 보미에게 자신의 결혼식에 꼭 와달라고 부탁했다.

　→ 누가 결혼을 하나요? _____

9. 현철이는 제과점에서 루돌프 모양의 케이크를 산 뒤,
　거리에 울려 퍼지는 캐럴을 들으며 집으로 향했다.

　→ 오늘은 무슨 날일까요? _____

10. 유리는 하얀색 원피스를 입은 윤아를 부러워했다.

　→ 누가 하얀색 원피스를 입었나요? _____

11. 민주가 타지에서 일하는 시우를 걱정했다.

　→ 누가 걱정하나요? _____

12. 지희는 승미에게 초대에 응하지 못해 미안하다고 했다.

　→ 누가 초대했나요? _____

13. 빵을 좋아하는 선생님이 준기를 찾아갔다.

　→ 누가 빵을 좋아하나요? _____

14. 어제 저녁에 미선이와 봉원이가 싸운 이유는
봉원이가 영남이와 늦게까지 술을 마셨기 때문이다.

→ 영남이는 누구와 술을 마셨나요? _____

15. 지현이에게 태주가 자신의 딸을 인사시켰다.

→ 인사를 받은 사람은 누구인가요? _____

16. 수지에게 선호가 꽃다발을 안겼다.

→ 누가 꽃다발을 주었나요? _____

17. 봉선이가 입은 코트는 은이가 그녀에게 선물한 것이다.

→ 누가 코트를 선물 받았나요? _____

18. 오토바이를 타고 있는 지연이에게 현아가 손을 흔들었다.

→ 누가 오토바이를 타고 있나요? _____

19. 아빠가 아이를 안고 있는 엄마에게 부탁했다.

→ 누가 아이를 안고 있나요? _____

20. 현희를 영란이가 커피숍에 보냈다.

→ 누가 커피숍에 갔나요? _____

21. 희준이가 민우에게 자기의 작품이 훌륭하다고 말했다.

   → 누구의 작품인가요? _____

22. 명희가 승만이를 의자에 앉혔다.

   → 누가 의자에 앉았나요? _____

23. 영남이에게 수현이가 자신이 끼고 있던 장갑을 벗어주었다.

   → 누가 장갑을 끼고 있었나요? _____

24. 남길이가 신영이에게 자신이 본 책을 추천했다.

   → 누가 본 책인가요? _____

25. 혜연이는 도서관을 다녀와서 선풍기를 틀고
   냉장고에서 식혜를 꺼내마셨다.

   → 지금 계절은 언제인가요? _____

26. 도현이가 동주에게 자신의 친구를 소개했다.

   → 누가 친구를 소개했나요? _____

27. 승엽이에게 찬호는 자신이 이사한 집을 자랑했다.

   → 누가 이사를 했나요? _____

28. 영자가 진경이에게 밥을 먹인다.

→ 누가 밥을 먹나요? _____

29. 지호가 승원이에게 그가 준 선물을 돌려주었다.

→ 누가 선물을 했나요? _____

30. 나영이는 꽃무늬 원피스를 입고 싶었지만,
   비가 온다는 소식에 파란색 나팔바지를 입었다.

→ 나영이의 나팔바지는 무슨 색인가요? _____

31. 여정이는 가방에 운동화, 치마, 목도리, 향수를 넣었다.

→ 여정이가 어떤 화장품을 가방에 넣었나요? _____

32. 수근이에게 병원에 입원한 호동이가 전화를 했다.

→ 누가 병원에 입원했나요? _____

33. 우식이는 돈가스, 탕수육, 김밥, 떡볶이를 좋아한다.

→ 우식이가 좋아하는 중국 음식은 무엇인가요? _____

34. 보검이는 천안에 사는 할머니 집에서 조카들과
   보드게임을 했다.

→ 보검이는 누구와 보드게임을 했나요? _____

35. 민수가 인영이에게 팀 주장을 맡겼다.

→ 누가 팀 주장이 됐나요? _____

36. 진영이는 안양에 사는 고모를 만나기 위해
2시 40분 기차를 예매했다.

→ 안양에 누가 살고 있나요? _____

37. 설아를 동수가 식당에서 울렸다.

→ 누가 울었나요? _____

38. 서희는 이비인후과에서 진료를 받고,
약국에서 약을 산 뒤, 정육점에 가야 한다.

→ 서희는 약을 사고 난 뒤 무엇을 사러 가야 하나요? _____

39. 할머니는 평안도에서 태어났지만,
지금은 부산광역시 동구 초량동에 살고 계신다.

→ 할머니의 고향은 어디인가요? _____

40. 세경이가 민호에게 박스를 들게 했다.

→ 누가 박스를 들었나요? _____

✦ **문장을 듣고 어색한 부분을 찾아 적절한 단어[1]로 수정하여 이야기해보세요.**

> **Tip** 치료사 혹은 보호자는 문장을 보통의 속도(1초당 3~4음절 수준)로 읽어준 뒤, 대상자에게 질문을 해주세요.
> – 주의 깊게 듣고 이해하는 청각적 주의력 활동이나, 상황에 따라 읽고 쓰기 활동으로 진행해도 됩니다.

1. 사고로 청력을 잃은 태원이는 어떤 음식을 먹어도 맛을 느끼지 못한다.

   → _____

2. 미국행 잠수함을 타는 삼촌을 배웅하러 공항에 간다.

   → _____

3. 여름은 기온과 습도가 낮아서 불쾌지수가 높다.

   → _____

4. 동생이 저녁으로 거미를 먹었다.

   → _____

5. 출장 갔던 부장님은 어제 미국에서 돌아올 것이다.

   → _____

---

1) 명사, 동사, 형용사 모두 가능하며 문장을 완전히 따라 말하지 않더라도 뜻이 일치한다면 괜찮습니다.

6. 영순이는 하늘에서 내리는 눈을 감았다.

→ _____

7. 서울역에서 출발하는 기차의 길이는 택시보다 짧다.

→ _____

8. 아이들이 기다리는 크리스마스는 추석 전에 온다.

→ _____

9. 외출할 때는 양말을 신은 다음 모자를 신는다.

→ _____

10. 나는 작년에 31살이 될 것이다.

→ _____

11. 서진이는 유미에게 잘 보이고 싶어서 검은색 정장을 입고 슬리퍼를 신었다.

→ _____

12. 대한민국의 남쪽에 있는 제주도는 독도보다 작다.

→ _____

13. 홍식이는 친구에게 빨갛게 익은 사과를 했다.

→ _____

14. 매운 음식을 잘 못 먹는 세윤이는 떡볶이를 먹을 땐 고춧가루를 듬뿍 넣어
먹는다.

→ _____

   ● **단서:** 매운맛을 줄여주는 음식은 무엇이 있을까요?

15. 물건을 사용하고 제자리에 두면 다음에 물건을 쉽게 찾을 수 없다.

→ _____

16. 동원이는 광고를 촬영하기 위해 작년에 베트남에 갈 것이다.

　→ _____

17. 포항의 첨성대는 매년 1월 1일이면 관광객으로 붐빈다.

　→ _____

18. 국을 뜰 때 사용하는 국자는 숟가락보다 작다.

　→ _____

19. 보민이가 좋아하는 겨울 간식은 군고구마, 팥빙수, 귤이다.

　→ _____

20. 혜진이는 내일 잠을 많이 잤었다.

　→ _____

21. 미국은 아시아에 있는 독일보다 영토가 넓다.

→ _____

22. 겨울은 너무 더워서 짧은 옷을 입어야 한다.

→ _____

23. 10월에 피는 개나리는 5월의 장미보다 아름답다.

→ _____

24. 세종기지가 있는 남극은 사막보다 덜 춥다.

→ _____

25. 미희는 보름달이 뜨는 밤을 먹었다.

→ _____

26. 유미는 지금 넘어져서 팔이 부러진 적이 있다.

→ _____

27. 태풍이 북상하고 있기 때문에 창문을 잘 닫고 제설 준비를 철저히 해야 한다.

→ _____

28. 시골에 사는 할아버지가 내년에 돌아가셨다.

→ _____

29. 준호가 아침 일찍 의자를 타고 학교에 간다.

→ _____

30. 친구에게 빌린 돈은 어제까지 꼭 갚을 것이다.

→ _____

31. 철희는 황금박쥐가 살고 있는 굴을 먹었다.

→ _____

32. 유리가 세수를 하고 나무에 비친 모습을 보았다.

→ _____

33. 민정이가 기다리던 사과가 지난주에 개봉하였다.

→ _____

34. 인천에 사는 큰 아버지는 우리 아버지보다 늦게 태어났다.

→ _____

35. 승현이에게 책을 주면서 양파를 사오라고 심부름을 시켰다.

→ _____

36. 영미는 고등학교를 졸업하고 서울에 있는 중학교에 입학했다.

→ _____

37. 민수가 백화점에서 시계와 손가락에 끼는 목걸이를 샀다.

→ _____

38. 태풍의 영향으로 어제는 하루 종일 비가 올 것이다.

→ _____

39. 감기에 걸리지 않으려면 외출 후에 손과 발을 깨끗이 씻고 시원한 물을 자
주 마셔야 한다.

→ _____

40. 지영이는 문구점에서 운동화 한 자루를 샀다.

→ _____

PART 3

기억력

✦ (그림을 기억하기 쉽도록) 그림을 최대한 자세하게 설명해보세요.

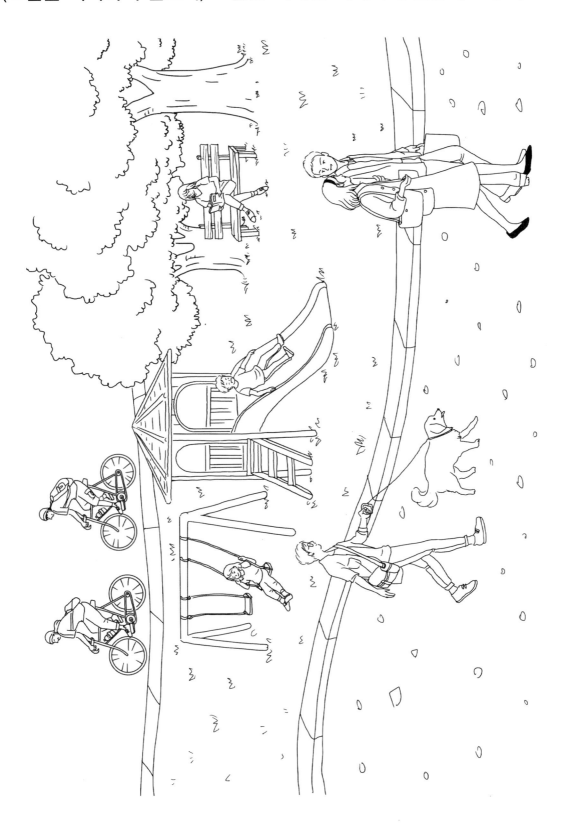

✦ 그림을 기억하여 질문에 답해보세요.

❶ 개를 산책시키는 사람이 모자를 쓰고 있었나요?

→ 예/아니요

❷ 여자가 벤치에 앉아 책을 읽고 있었나요?

→ 예/아니요

❸ 벤치 뒤에는 세 그루의 나무가 있었나요?

→ 예/아니요

❹ 공원에는 어떤 놀이기구가 있었나요?

→ _____

❺ 자전거를 타는 사람은 몇 명이었나요?

→ _____

✦ (그림을 기억하기 쉽도록) 그림을 최대한 자세하게 설명해보세요.

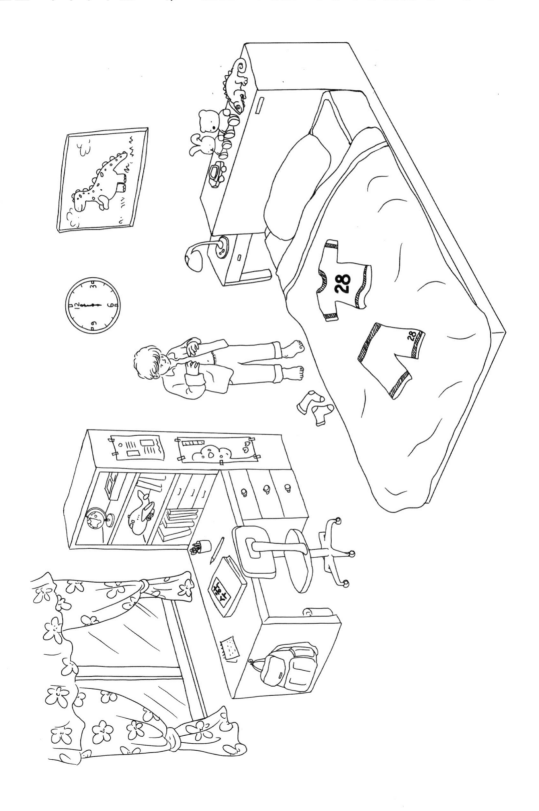

✦ **그림을 기억하여 질문에 답해보세요.**

❶ 창문의 커튼은 꽃무늬였나요?

→ 예/아니요

❷ 책장에 있던 비행기 위에 곰인형이 있었나요?

→ 예/아니요

❸ 시계는 6시를 가리키고 있었나요?

→ 예/아니요

❹ 침대 위에 있던 티셔츠에 적힌 번호가 몇 번이었나요?

→ _____

❺ 책상 위에는 어떤 책이 놓여 있었나요?

→ _____

✦ (그림을 기억하기 쉽도록) 그림을 최대한 자세하게 설명해보세요.

✦ 그림을 기억하여 질문에 답해보세요.

❶ 모자 쓴 남자가 세제를 고르고 있었나요?

　→ 예/아니요

❷ 아빠가 유모차를 밀고 있었나요?

　→ 예/아니요

❸ 그림 속에 있는 사람은 모두 6명인가요?

　→ 예/아니요

❹ 수박 옆에는 어떤 과일이 있었나요?

　→ _____

❺ 지금 '1+1' 행사 중인 품목은 무엇인가요?

　→ _____

✦ 이야기를 잘 읽고 기억해보세요.

오늘 아침 우연히 아보카도에 관한 방송을 보게 되었다. '아보카도'라는 이름도, 악어의 등껍질 같은 녹색 껍질 속에 크고 동그란 씨앗이 들어 있는 모양도 생소한 아보카도는 멕시코가 원산지라고 했다. 아보카도는 영양덩어리라고 할 만큼 좋은 영양소를 많이 가지고 있는데, 우선 아보카도는 올레산이라는 불포화지방이 풍부해 콜레스테롤을 감소시켜주는 효과가 있다고 한다. 또한 칼륨 함유량이 많아 과도한 나트륨 섭취로 인해 높아진 혈압을 낮춰주는 데 도움이 된다고 한다. 고혈압이 있는 아버지가 생각이 났다. 그리고 비타민 C, 비타민 E, 베타카로틴이 풍부해 피부 노화를 억제하고 탄력을 유지에 도움이 된다고 하니 나도 챙겨 먹어야겠다는 생각이 들었다.

이 방송에서는 아보카도 샐러드를 만드는 방법을 알려주었는데, 더 맛있게 먹는 방법이 있을 것 같아 인터넷 검색을 해보니 아보카도 샌드위치를 만드는 방법이 나와 있었다. 요리 방법도 간단해서 이번 주말에는 아보카도 샌드위치를 만들어서 부모님을 찾아뵈어야겠다고 다짐했다.

✦ 이야기를 기억하여 질문에 답해보세요.

1. 아보카도의 원산지는 스페인이다. (○ / ×)

2. 아보카도의 효능이 <u>아닌</u> 것은 무엇일까요? ( )

   ① 피부미용에 도움이 된다.
   ② 콜레스테롤 수치를 낮춰준다.
   ③ 성장기 아이들의 키 성장에 도움이 된다.
   ④ 정상혈압유지에 도움이 된다.

3. 나(글쓴이)가 만들 예정인 음식은 무엇일까요?( )

   ① 샌드위치
   ② 아보카도 오일
   ③ 샐러드
   ④ 생과일주스

4. 나(글쓴이)는 부모님과 따로 살고 있다. (○ / ×)

✦ 이야기를 잘 읽고 기억해보세요.

지난 주말에 고등학교 친구 은희와 1박 2일로 부산 여행을 다녀왔다.

우리는 토요일 오전 10시 동대구시외버스터미널에서 시외버스를 타고 12시쯤 해운대시외버스터미널에 도착했다. 해운대지하철역 근처 식당에서 소고기국밥을 먹고 숙소인 이담호텔에 짐을 풀었다. 이담호텔은 올해 새로 생겨서 시설이 깨끗하고, 해운대 해수욕장 바로 앞으로 위치도 좋았다. 또한 조식으로 시리얼과 토스트를 무료로 제공하는 오픈 이벤트도 하고 있어 은희와 나는 여기가 무척 마음에 들었다.

숙소에서 잠시 쉬고 나서 우리는 해운대 해수욕장으로 나갔다. 산책을 하면서 고등학교 시절 이야기를 나누었다. 수학여행 때 밤에 몰래 숙소를 빠져나가려다 선생님께 들켜서 혼이 났던 일, 친구 집에서 함께 시험공부를 하려고 모였다가 밤새 수다만 떨었던 일, 점심시간이면 교실 뒤에서 하던 말뚝박기 놀이 등, 시원한 바닷바람을 맞으며 이런저런 추억을 되새기다 보니 꼭 고등학생 시절로 돌아간 것만 같았다.

수평선 너머 해가 넘어갈 때쯤 우리는 해운대 바다가 내려다보이는 레스토랑에서 스테이크와 와인을 먹었다. 은희는 '우리도 내년이면 52살인데 이 정도 사치는 부려도 된다'며 밥을 먹는 내내 행복한 미소를 지어 보였다.

우리는 숙소로 돌아와서도 밤새 많은 이야기를 나누었고 다음 날 아침 일찍 시외버스를 타고 대구로 돌아왔다. 짧았지만 은희와 많은 이야기를 나눌 수 있는 소중한 시간이었다.

✦ **이야기를 기억하여 질문에 답해보세요.**

1. 지난 주말에 (   ) 친구 은희와 1박 2일 부산여행을 다녀왔다.

2. 숙소인 이담호텔의 장점이 <u>아닌</u> 것은 무엇일까요? (   )

   ① 해운대해수욕장과 가깝다.
   ② 가격이 저렴하다.
   ③ 무료 조식을 제공한다.
   ④ 시설이 깨끗하다.

3. 나(글쓴이)와 은희가 먹었던 음식은 무엇일까요?(   )

   ① 스파게티
   ② 비빔밥
   ③ 햄버거
   ④ 소고기국밥

4. 나(글쓴이)와 은희는 올해 몇 살일까요? (   ) 세

5. 동대구시외버스터미널에서 해운대시외버스터미널까지는 몇 시간
   정도 걸릴까요? 약 (   ) 시간

✦ 이야기를 잘 읽고 기억해보세요.

지난주 월요일에 건강검진을 받았다. 요즘 들어 소화가 안 되고, 속이 더부룩해서 건강 보험공단에서 지원하는 국가건강검진에 수면 위내시경을 추가했다. 건강검진을 예약하면서 안내받은 위내시경 검사 전 주의사항은 4가지였다.

- 검사 7~10일 전부터 아스피린, 와파린 같은 항혈소판제, 혈전제약 복용을 중단할 것

- 검사 전 최소 한 8시간 이상은 금식할 것

- 금식 기간 중에는 물도 섭취하지 말 것

- 검사 3일 전부터는 흡연과 음주를 삼갈 것

건강검진 예약 시간이 월요일 오전 10시였는데, 나는 일요일 저녁 8시에 저녁밥 식사를 하고, 이후로는 아무것도 먹지 않았다. 월요일 아침에 일어나서 습관처럼 물을 마실 뻔했지만 와이프가 오늘 위내시경 검사가 있으니 다행히 참을 수 있었다.

병원에 도착해서 접수하고 간단하게 문진을 받은 뒤 청력, 시력, 혈압, 피검사, 소변검사, 위내시경 검사를 받았다.

어제 퇴근하고 집에 오니 건강검진결과표가 도착해있었다. 다른 결과는 다 양호했으나 공복혈당 수치가 높게 나왔다.

공복혈당 100mg/dL 미만은 정상, 100~125mg/dL은 공복혈당장애(당뇨 전 단계), 126mg/dL 이상은 당뇨병이라고 하는데, 나는 108mg/dL이 나왔다. 공복혈당장애 중 5~10%가 당뇨병으로 진행되는 것으로 알려져 있기 때문에 지금부터 경각심을 가지고 관리해야 한다고 했다. 앞으로는 식단도 조절하고, 꾸준히 운동도 해서 더 건강한 아빠가 되어야겠다고 다짐했다.

✦ 이야기를 기억하여 질문에 답해보세요.

1. 위내시경 검사 전 주의사항이 <u>아닌</u> 것은 무엇일까요?(   )

   ① 최소 8시간 전부터 금식할 것

   ② 검사 7~10일 전부터 항혈소판제, 혈전제약 복용을 중단할 것

   ③ 검사 3일전부터 해조류, 씨 있는 과일 섭취하지 말 것

   ④ 금식 기간에는 물도 섭취하지 말 것

2. 나(글쓴이)는 남자인가요? (○ / ×)

3. 공복혈당 100mg/dL 미만은 정상
   100~125mg/dL은 공복혈당장애
   (   ) mg/dL 이상은 당뇨병이다.

4. 나(글쓴이)가 받은 검사는 무엇일까요?(   )

   ① 갑상선 초음파검사

   ② 대장 내시경검사

   ③ 혈압검사

   ④ 정신건강검사

5. 나(글쓴이)는 건강검진 전까지 몇 시간 동안 금식을 했을까요?
   약 (   ) 시간

정답: ❶ ③ ❷ ○ ❸ 125mg/dL ❹ ③ ❺ 14시간

✦ 이야기를 잘 읽고 기억해보세요.

어제는 오랜만에 대학교 동창 모임을 가졌다. 남경식당에서 6시 30분에 모이기로 했지만 나는 차가 막히는 바람에 15분이나 늦고 말았다.

사립학교 교장 선생님으로 퇴직한 민석이는 요즘 손녀 재롱 보는 재미에 시간 가는 줄 모른다고 했고, 30년 넘게 자동차 회사에 다녔던 근수는 아침마다 동네 뒷산에 올라가 맑은 공기를 마시며 운동을 한다고 했다. 와이프와 같이 떡집을 하는 재기는 요즘은 일요일이면 떡집 문을 닫고 와이프와 봉사활동을 다닌다는 이야기를 하면서, 이전에는 일주일 내내 일하며 바쁘게 살았지만 이제는 돈보다 마음을 채우며 살고 싶다고 했다.

어릴 때부터 꼼꼼했던 명수는 이번 주에 기초노령연금을 신청했다며 우리들에게도 신청을 해보라며 신청 방법을 자세히 알려주었다.

[2] 기초노령연금 수급 자격은 세 가지 기준이 있는데 우선 대한민국 국적자여야 하고, 만 65세 생일이 지나야 하고, 소득인정액이 상위 30%가 아니어야 한다고 했다. 하지만 군인, 공무원, 사립학교 교직원 등 타 연금 수급자는 신청이 불가능하다고 했다.

신청은 복지로 홈페이지에서 가능하고, 오프라인의 경우 관할 주민센터나 국민연금지역센터에 방문해서 신청하는 것도 가능하다고 했다. 명수가 자신은 주민센터에 갈 때 신분증과 통장 사본을 가지고 가지 않아서 두 번 걸음을 했다며 너희들은 잊지 말고 꼭 챙겨가라고 이야기해주었다.

40년 전 세상 무서울 게 없었던 우리들은 이제는 흰머리 가득한 할아버지가 되었지만, 함께 늙어가는 친구들이 있어 든든하다는 생각이 들었다.

---

2) 2021년 기준입니다.

✦ 이야기를 기억하여 질문에 답해보세요.

1. 나(글쓴이)는 언제 남경식당에 도착했을까요? (　　)시 (　　　)분

2. 기초노령연금 수급자격이 <u>아닌</u> 것은 무엇일까요?(　　　　)

   ① 만 60세 이상일 것
   ② 대한민국 국적일 것
   ③ 군인연금 수급자가 아닐 것
   ④ 소득인정액이 상위 30%가 아닐 것

3. 기초노령연금을 신청할 수 없는 사람은 누구일까요?(　　　　)

   ① 떡집을 하는 재기
   ② 사립학교 교장 선생님으로 퇴직한 민석
   ③ 30년 넘게 자동차 회사를 다닌 근수

4. 와이프와 같이 떡집을 하는 재기는 요즘은 일요일이면 떡집 문을 닫고 와이프와 (　　　　)을 다닌다.

5. 관할 행정복지센터나 국민연금 지역센터에 방문해서 신청할 때 챙겨야 하는 두 가지는 무엇일까요?(　　　　), (　　　　)

   ① 신분증
   ② 신청서류
   ③ 통장 사본
   ④ 주민등록등본

활동방법 예시

❶ 본 페이지를 가린 채로, 치료사 또는 보호자가 부록 1의 320쪽 첫 번째 글자목록을 읽어줍니다.

→ | 닉 | 갈 | 따 |

❷ (20초 후) 대상자에게 듣지 않았던 글자를 찾아 ×표 하도록 지시합니다.

→ | 닉 | 갈 | 따 | 푸 |

✦ 들려주는 글자 목록(세 개의 글자)을 기억해보세요. 글자는 모두 의미가 없는 글자입니다.

> **Tip** 본 페이지는 가린 채로 치료사 또는 보호자가 **부록 1의 320-321쪽** 글자 목록을 읽어주세요.
> **Tip** 대상자의 기억력에 따라 시간을 줄이거나 늘려서 운용하세요.

✦ **(20초 후) 방금 들었던 글자가 아닌 것에 ×표 해주세요.**

1	닉	갈	따	푸

2	뱌	므	쵸	뚜

3	밉	택	씸	꺼

4	헝	맴	치	틉

5	쓰	찐	붑	킨

6	측	브	작	뭉

7	뿌	숭	규	고

8	던	직	슌	긍

9	르	빤	더	갠

10	랄	익	가	어

11	거	바	곤	랑

12	핸	퍼	뺌	걱

13	닐	엑	류	흡

14	민	순	충	맬

15	싱	룬	파	삩

✦ 들려주는 단어 목록(세 개의 단어)을 기억해보세요. 단어는 모두 의미가 없는 글자입니다.

 Tip 본 페이지는 가린 채로 치료사 및 보호자가 **부록 322쪽** 글자 목록을 읽어주세요.

✦ **(20초 후) 방금 들었던 단어가 아닌 것에 ×표 해주세요.**

1	실자	지흐	곡시	니마
2	기갠	노띠	도륵	이숭
3	두지	가찰	바고	우르
4	오닉	소뿌	흘가	식거
5	티라	디글	니님	안단
6	고노	가슌	르어	흐마
7	노프	익바	규랑	밀개
8	어직	껌니	고말	콘체
9	끼구	지둔	보포	소그
10	해만	니오	짐고	기홍

✦ 들려주는 단어 목록(다섯 개의 단어)을 기억해보세요. 단어는 모두 의미가 없는 비단어입니다.

> **Tip** 본 페이지는 가린 채로 치료사 및 보호자가 **부록 323쪽** 글자 목록을 읽어주세요.

✦ **(20초 후) 방금 들었던 단어가 아닌 것에 ✕표 해주세요.**

1	마니	하파	리양	사어	재나	영트
2	스한	겨미	집서	치미	래빠	자방
3	르위	구저	미막	저미	프식	문미
4	온피	진무	논구	라므	뚜리	치보
5	리기	트마	강노	삐야	카소	풀비
6	락요	고다	나군	루디	보티	도저
7	딩여	작스	장빠	타소	담사	터배
8	쁘더	류기	단다	커티	웍브	크혀
9	녹르	퀴바	표닥	총푸	비잠	욕두
10	깨이	묵나	던터	갈말	푸나	느라

✦ 들려주는 단어 목록(일곱 개의 단어)을 기억해보세요. 단어는 모두 의미가 없는 비단어입니다.

Tip 본 페이지는 가린 채로 치료사 및 보호자가 **부록 324쪽** 글자 목록을 읽어주세요.

✦ **(20초 후) 방금 들었던 단어에 O표 해주세요.**

일곱 개의 단어를 모두 찾지 못해도 괜찮습니다. 최대한 기억할 수 있도록 노력해보세요.

1

카슈	보포	곡시	직명	도륵	라크	티라
끼구	본그	지둔	실나	바고	안단	가찰
울종	우르	흐마	광흐	르어	샘뜨	니님

2

뚜미	라프	찰빠	래빠	온피	아머	다소
부짐	집서	쓰이	쁘더	류기	자미	고감
고다	딩여	두리	지븐	담사	머벌	담사

3

고말	멈치	노츠	짐고	용뜨	물엉	스한
프식	재나	팝그	사울	껌니	영트	구임
시아	달한	기홍	논구	해만	자방	유번

4

구풀	단다	상바	풀비	커티	보개	꺼이
총푸	꾸득	도저	통직	비담	취모	딩여
욕두	푸나	크마	카소	바리	묵나	익술

5

흘가	글디	오늑	티라	지끼	거미	니오
차잔	일라	치얼	리양	니님	스한	숙르
재나	배름	마니	여무	일다	밀개	보포

4 단어를 범주화하여 기억하기

의사	초록색	검은색	개미
매미	청진기	응급실	무당벌레
송편	사마귀	하얀색	성묘
보름달	명절	보라색	구급차

1-1. 제시된 단어를 범주 혹은 특성이 같은 것끼리 묶어보세요.

| ① 그룹 1(색깔 범주): | 초록색 | , | 검은색 | , | 하얀색 | , | 보라색 |

① 그룹 2(   ): _____ , _____ , _____ , _____

① 그룹 3(   ): _____ , _____ , _____ , _____

① 그룹 4(   ): _____ , _____ , _____ , _____

1-2. 그룹으로 묶은 단어를 최대한 많이 기억해보세요(제한시간 1분).

1-3. (이전 페이지를 보지 말고) 아래의 단어 중에서 앞에서 제시되지 않았던 단어를 찾아 표시해보세요.

① 그룹 1(색깔 범주): 초록색 , 검은색 , 하얀색 , 노란색

① 그룹 2(병원 관련): 간호사 , 청진기 , 응급실 , 구급차

① 그룹 3(곤충 범주): 개미 , 나비 , 무당벌레 , 사마귀

① 그룹 4(추석 관련): 송편 , 한복 , 보름달 , 명절

1-4. (이전 페이지를 보지 말고) 기억나는 단어를 최대한 많이 적어보세요.

① 그룹 1(　　　): ＿＿＿＿＿ , ＿＿＿＿＿ , ＿＿＿＿＿ , ＿＿＿＿＿

① 그룹 2(　　　): ＿＿＿＿＿ , ＿＿＿＿＿ , ＿＿＿＿＿ , ＿＿＿＿＿

① 그룹 3(　　　): ＿＿＿＿＿ , ＿＿＿＿＿ , ＿＿＿＿＿ , ＿＿＿＿＿

① 그룹 4(　　　): ＿＿＿＿＿ , ＿＿＿＿＿ , ＿＿＿＿＿ , ＿＿＿＿＿

미국	선풍기	뻐꾸기	여름휴가
마스카라	일본	모기	앵무새
제비	수박	중국	벌새
립스틱	아이크림	러시아	스킨로션

2-1. 제시된 단어를 범주 혹은 특성이 같은 것끼리 묶어보세요.

① 그룹 1(화장품 범주): _____ , _____ , _____ , _____

① 그룹 2(여름 관련): _____ , _____ , _____ , _____

① 그룹 3(   ): _____ , _____ , _____ , _____

① 그룹 4(   ): _____ , _____ , _____ , _____

2-2. 그룹으로 묶은 단어를 최대한 많이 기억해보세요(제한시간 1분).

2-3. (이전 페이지를 보지 말고) 아래의 단어 중에서 앞에서 제시되지 않았던 단어를 찾아 표시해보세요.

① 그룹 1(화장품 범주):   마스카라   립스틱   선크림   스킨로션

① 그룹 2(여름 관련):   선풍기   여름휴가   모기   참외

① 그룹 3(조류 범주):   뻐꾸기   앵무새   까치   벌새

① 그룹 4(국가 범주):   영국   일본   중국   러시아

2-4. (이전 페이지를 보지 말고) 기억나는 단어를 최대한 많이 적어보세요.

① 그룹 1(   ): _____ , _____ , _____ , _____

① 그룹 2(   ): _____ , _____ , _____ , _____

① 그룹 3(   ): _____ , _____ , _____ , _____

① 그룹 4(   ): _____ , _____ , _____ , _____

웨딩드레스	주전자	개나리	수선화
철쭉	한라산	귤	포크
하객	냄비	예식장	돌하르방
성산일출봉	진달래	국자	부케

3-1. 제시된 단어를 범주 혹은 특성이 같은 것끼리 묶어보세요.

① 그룹 1(　　　): ＿＿＿＿ , ＿＿＿＿ , ＿＿＿＿ , ＿＿＿＿

① 그룹 2(　　　): ＿＿＿＿ , ＿＿＿＿ , ＿＿＿＿ , ＿＿＿＿

① 그룹 3(　　　): ＿＿＿＿ , ＿＿＿＿ , ＿＿＿＿ , ＿＿＿＿

① 그룹 4(　　　): ＿＿＿＿ , ＿＿＿＿ , ＿＿＿＿ , ＿＿＿＿

3-2. 그룹으로 묶은 단어를 최대한 많이 기억해보세요(제한시간 1분).

3-3. (이전 페이지를 보지 말고) 아래의 단어 중에서 앞에서 제시되지 않았던 단어를 찾아 표시해보세요.

① 그룹 1(결혼 관련):   웨딩드레스   하객   피로연   부케

① 그룹 2(주방용품 범주):   주전자   접시   냄비   국자

① 그룹 3(꽃 범주):   개나리   수선화   벚꽃   진달래

① 그룹 4(제주도 관련):   한라산   귤   돌하르방   섭지코지

3-4. (이전 페이지를 보지 말고) 기억나는 단어를 최대한 많이 적어보세요.

① 그룹 1(   ): _____ , _____ , _____ , _____

① 그룹 2(   ): _____ , _____ , _____ , _____

① 그룹 3(   ): _____ , _____ , _____ , _____

① 그룹 4(   ): _____ , _____ , _____ , _____

5 (작업기억) 숫자를 듣고 따라 말하기

✦ **2개의 숫자를 듣고 그대로 따라 말해보세요.**

숫자목록	정답
3 – 7	3 – 7
5 – 8	5 – 8
9 – 7	9 – 7
4 – 8	4 – 8
5 – 1	5 – 1
6 – 3	6 – 3
2 – 4	2 – 4

✦ **2개의 숫자를 듣고 거꾸로 따라 말해보세요.**

숫자목록	정답
5 – 8	8 – 5
6 – 9	9 – 6
2 – 4	4 – 2
7 – 5	5 – 7
4 – 2	2 – 4
3 – 6	6 – 3
1 – 5	5 – 1

✦ **3개의 숫자를 듣고 그대로 따라 말해보세요.**

숫자목록	정답
4 – 7 – 3	4 – 7 – 3
5 – 1 – 4	5 – 1 – 4
2 – 9 – 8	2 – 9 – 8
8 – 7 – 4	8 – 7 – 4
6 – 8 – 9	6 – 8 – 9
3 – 8 – 5	3 – 8 – 5
1 – 3 – 5	1 – 3 – 5

✦ **3개의 숫자를 듣고 거꾸로 따라 말해보세요.**

숫자목록	정답
9 – 4 – 1	1 – 4 – 9
5 – 2 – 8	8 – 2 – 5
6 – 4 – 7	7 – 4 – 6
1 – 3 – 5	5 – 3 – 1
4 – 3 – 1	1 – 3 – 4
2 – 6 – 8	8 – 6 – 2
7 – 4 – 5	5 – 4 – 7

✦ 4개의 숫자를 듣고 그대로 따라 말해보세요.

숫자목록	정답
3 – 2 – 9 – 4	3 – 2 – 9 – 4
2 – 8 – 4 – 7	2 – 8 – 4 – 7
1 – 6 – 5 – 7	1 – 6 – 5 – 7
9 – 6 – 3 – 1	9 – 6 – 3 – 1
4 – 5 – 1 – 9	4 – 5 – 1 – 9
5 – 4 – 8 – 6	5 – 4 – 8 – 6
8 – 2 – 4 – 3	8 – 2 – 4 – 3

✦ 4개의 숫자를 듣고 거꾸로 따라 말해보세요.

숫자목록	정답
5 – 4 – 8 – 6	6 – 8 – 4 – 5
2 – 6 – 7 – 9	9 – 7 – 6 – 2
9 – 6 – 7 – 5	5 – 7 – 6 – 9
2 – 8 – 9 – 1	1 – 9 – 8 – 2
7 – 9 – 5 – 3	3 – 5 – 9 – 7
3 – 4 – 8 – 6	6 – 8 – 4 – 3
1 – 3 – 9 – 7	7 – 9 – 3 – 1

✦ **5개의 숫자를 듣고 그대로 따라 말해보세요.**

숫자목록	정답
5 – 7 – 6 – 4 – 9	5 – 7 – 6 – 4 – 9
2 – 8 – 6 – 4 – 1	2 – 8 – 6 – 4 – 1
7 – 5 – 8 – 9 – 2	7 – 5 – 8 – 9 – 2
5 – 6 – 8 – 2 – 4	5 – 6 – 8 – 2 – 4
8 – 2 – 7 – 9 – 1	8 – 2 – 7 – 9 – 1
3 – 8 – 4 – 5 – 6	3 – 8 – 4 – 5 – 6
5 – 7 – 1 – 9 – 4	5 – 7 – 1 – 9 – 4

✦ **5개의 숫자를 듣고 거꾸로 따라 말해보세요.**

숫자목록	정답
2 – 7 – 6 – 5 – 3	3 – 5 – 6 – 7 – 2
5 – 9 – 8 – 7 – 2	2 – 7 – 8 – 9 – 5
3 – 7 – 5 – 8 – 1	1 – 8 – 5 – 7 – 3
4 – 6 – 8 – 9 – 3	3 – 9 – 8 – 6 – 4
5 – 3 – 6 – 2 – 1	1 – 2 – 6 – 3 – 5
8 – 7 – 4 – 6 – 5	5 – 6 – 4 – 7 – 8
9 – 1 – 2 – 8 – 3	3 – 8 – 2 – 1 – 9

✦ 6개의 숫자를 듣고 그대로 따라 말해보세요.

숫자목록	정답
1 – 9 – 5 – 8 – 4 – 2	1 – 9 – 5 – 8 – 4 – 2
4 – 5 – 1 – 8 – 9 – 7	4 – 5 – 1 – 8 – 9 – 7
9 – 1 – 3 – 5 – 7 – 2	9 – 1 – 3 – 5 – 7 – 2
2 – 5 – 7 – 8 – 1 – 9	2 – 5 – 7 – 8 – 1 – 9
8 – 4 – 5 – 8 – 1 – 3	8 – 4 – 5 – 8 – 1 – 3
5 – 2 – 8 – 1 – 9 – 4	5 – 2 – 8 – 1 – 9 – 4
6 – 2 – 7 – 1 – 3 – 5	6 – 2 – 7 – 1 – 3 – 5

✦ 6개의 숫자를 듣고 거꾸로 따라 말해보세요.

숫자목록	정답
3 – 5 – 7 – 9 – 1 – 2	2 – 1 – 9 – 7 – 5 – 3
5 – 4 – 8 – 7 – 2 – 6	6 – 2 – 7 – 8 – 4 – 5
8 – 7 – 3 – 2 – 9 – 5	5 – 9 – 2 – 3 – 7 – 8
1 – 8 – 2 – 6 – 7 – 3	3 – 7 – 6 – 2 – 8 – 1
3 – 7 – 4 – 1 – 6 – 5	5 – 6 – 1 – 4 – 7 – 3
2 – 9 – 8 – 4 – 3 – 1	1 – 3 – 4 – 8 – 9 – 2
9 – 3 – 2 – 6 – 7 – 8	8 – 7 – 6 – 2 – 3 – 9

6 (작업기억) 다음절 단어를 듣고 거꾸로 말하기

기억력

✦ **다음절 단어를 듣고 거꾸로 말해보세요.**[3]

> **Tip** 단어를 듣고 거꾸로 말하는 활동입니다. 사전활동으로 글자를 보고 거꾸로 써보는 것도 도움이 됩니다.

◆ **4음절 단어** ◆

1   이 쑤 시 개   →   _____

2   스 파 게 티   →   _____

3   호 랑 나 비   →   _____

4   백 두 대 간   →   _____

5   죽 마 고 우   →   _____

6   박 하 사 탕   →   _____

7   대 중 교 통   →   _____

8   술 래 잡 기   →   _____

9   이 구 아 나   →   _____

10   떡 두 꺼 비   →   _____

---

3) 기억하기 쉬운 관용어구와 속담, 합성어 등을 포함합니다.

11   아 침 이 슬   → _____

12   해 바 라 기   → _____

13   지 하 철 역   → _____

14   이 심 전 심   → _____

15   고 속 도 로   → _____

16   카 멜 레 온   → _____

17   연 날 리 기   → _____

18   금 수 강 산   → _____

19   텔 레 비 전   → _____

20   가 시 나 무   → _____

21	코 스 모 스	→
22	가 전 제 품	→
23	훈 민 정 음	→
24	빨 래 집 게	→
25	된 장 찌 개	→
26	진 눈 깨 비	→
27	오 토 바 이	→
28	미 끄 럼 틀	→
29	역 지 사 지	→
30	하 모 니 카	→

• 위에서 나오지 않은 4음절 단어를 더 생각하여 써보세요.

◆ 5음절 단어 ◆

1   지 하 주 차 장   →

2   다 섯 손 가 락   →

3   에 베 레 스 트   →

4   종 이 비 행 기   →

5   고 구 마 줄 기   →

6   공 용 화 장 실   →

7   양 도 소 득 세   →

8   구 강 청 결 제   →

9   컴 퓨 터 게 임   →

10   간 호 조 무 사   →

11   엘 리 베 이 터   →   _____

12   거 짓 말 쟁 이   →   _____

13   전 자 피 아 노   →   _____

14   라 디 오 방 송   →   _____

15   에 어 컨 필 터   →   _____

16   동 남 아 시 아   →   _____

17   중 앙 도 서 관   →   _____

18   소 양 강 처 녀   →   _____

19   벙 어 리 장 갑   →   _____

20   문 화 상 품 권   →   _____

21	인 간 문 화 재	→	_____
22	정 월 대 보 름	→	_____
23	나 물 비 빔 밥	→	_____
24	하 얀 운 동 화	→	_____
25	웨 딩 드 레 스	→	_____
26	백 두 산 천 지	→	_____
27	아 메 리 카 노	→	_____
28	자 동 판 매 기	→	_____
29	오 른 손 왼 손	→	_____
30	돼 지 저 금 통	→	_____

• 위에서 나오지 않은 5음절 단어를 더 생각하여 써보세요.

◆ 6음절 단어 ◆

1 　현 관 비 밀 번 호　　→　_____

2 　미 운 아 기 오 리　　→　_____

3 　기 대 지 마 시 오　　→　_____

4 　에 어 컨 실 외 기　　→　_____

5 　뼈 다 귀 해 장 국　　→　_____

6 　마 이 크 테 스 트　　→　_____

7 　도 깨 비 방 망 이　　→　_____

8 　우 즈 베 키 스 탄　　→　_____

9 　미 술 관 전 시 회　　→　_____

10　세 종 과 학 기 지　　→　_____

11	자 장 면 곱 배 기	→	_____
12	피 겨 스 케 이 팅	→	_____
13	에 스 컬 레 이 터	→	_____
14	시 작 이 반 이 다	→	_____
15	육 군 사 관 학 교	→	_____
16	휴 대 폰 충 전 기	→	_____
17	수 학 능 력 시 험	→	_____
18	피 아 노 연 주 회	→	_____
19	부 처 님 오 신 날	→	_____
20	주 차 금 지 구 역	→	_____

21	에 어 프 라 이 어	→	_____
22	태 양 열 에 너 지	→	_____
23	행 정 복 지 센 터	→	_____
24	자 외 선 차 단 제	→	_____
25	호 두 까 기 인 형	→	_____
26	주 택 청 약 저 축	→	_____
27	우 물 안 개 구 리	→	_____
28	독 감 예 방 주 사	→	_____
29	토 끼 와 거 북 이	→	_____
30	전 국 노 래 자 랑	→	_____

• 위에서 나오지 않은 6음절 단어를 더 생각하여 써보세요.

1 딸 기 아 이 스 크 림 → _____

2 올 림 픽 중 계 방 송 → _____

3 초 등 학 교 졸 업 식 → _____

4 일 곱 색 깔 무 지 개 → _____

5 로 미 오 와 줄 리 엣 → _____

6 아 기 돼 지 삼 형 제 → _____

7 작 은 고 추 가 맵 다 → _____

8 쓰 레 기 분 리 수 거 → _____

9 복 숭 아 알 레 르 기 → _____

10 해 운 대 해 수 욕 장 → _____

11	징검다리건너기	→	_____
12	텔레비전리모컨	→	_____
13	대한민국대통령	→	_____
14	아프리카코끼리	→	_____
15	크리스마스트리	→	_____
16	은혜갚은까마귀	→	_____
17	그리스로마신화	→	_____
18	땅짚고헤엄치기	→	_____
19	토마토스파게티	→	_____
20	오스트레일리아	→	_____

21	제 주 특 별 자 치 도	→	_____
22	공 정 거 래 위 원 회	→	_____
23	반 짝 반 짝 작 은 별	→	_____
24	평 창 동 계 올 림 픽	→	_____
25	한 국 수 자 원 공 사	→	_____
26	보 건 복 지 부 장 관	→	_____
27	시 베 리 아 허 스 키	→	_____
28	꽃 무 늬 블 라 우 스	→	_____
29	버 뮤 다 삼 각 지 대	→	_____
30	공 무 원 임 용 고 시	→	_____

• 위에서 나오지 않은 7음절 단어를 더 생각하여 써보세요.

Tip 대상자의 주관적인 판단에 따라 순서가 달라질 수 있으나, 참조물의 평균적인 크기를 최대한 고려할 수 있도록 지도해주세요.

도입활동 3개의 단어를 듣고 가장 작은 것을 말해보세요.

단어목록	정답
사자 - 참새 - 머리	참새
배꼽 - 사과 - 버스	배꼽
딸기 - 토끼 - 치마	딸기
탱크 - 주먹 - 모자	주먹
버스 - 참외 - 오리	참외
모자 - 입술 - 수박	입술
코트 - 택시 - 사과	사과

3개의 단어를 듣고 크기가 작은 것부터 순서대로 말해보세요.

단어목록	정답
배꼽 - 사자 - 수박	배꼽 - 수박 - 사자
탱크 - 머리 - 양말	양말 - 머리 - 탱크
참외 - 버스 - 다리^{신체부위}	참외 - 다리 - 버스
고래 - 주먹 - 수박	주먹 - 수박 - 고래
사자 - 기차 - 모자	모자 - 사자 - 기차
토끼 - 입술 - 트럭	입술 - 토끼 - 트럭
사슴 - 딸기 - 치마	딸기 - 치마 - 사슴

4개의 단어를 듣고 가장 작은 것을 찾아 말해보세요.

단어목록	정답
입술 - 수박 - 참새 - 코트	입술
기차 - 딸기 - 토끼 - 다리	딸기
치마 - 사자 - 버스 - 키위	키위
코트 - 탱크 - 사과 - 배꼽	배꼽
참외 - 주먹 - 고래 - 모자	주먹
머리 - 택시 - 참새 - 수박	참새
코트 - 개미 - 다리 - 키위	개미

4개의 단어를 듣고 크기가 작은 것부터 순서대로 재배열하여 말해보세요.

단어목록	정답
수박 - 기차 - 사자 - 입술	입술 - 수박 - 사자 - 기차
토끼 - 바지 - 택시 - 주먹	주먹 - 토끼 - 바지 - 택시
고래 - 치마 - 참외 - 머리	참외 - 머리 - 치마 - 고래
코트 - 개미 - 다리 - 키위	개미 - 키위 - 다리 - 코트
참외 - 배꼽 - 고래 - 모자	배꼽 - 참외 - 모자 - 고래
양말 - 수박 - 주먹 - 탱크	주먹 - 양말 - 수박 - 탱크
기차 - 딸기 - 토끼 - 다리	딸기 - 토끼 - 다리 - 기차

도입활동 **5개의 단어를 듣고 가장 작은 것을 찾아 말해보세요.**

단어목록	정답
택시 – 개미 – 사과 – 머리 – 코트	개미
딸기 – 치마 – 토끼 – 탱크 – 배꼽	배꼽
트럭 – 사자 – 바지 – 다리 – 키위	키위
머리 – 참외 – 치마 – 양말 – 버스	참외
모자 – 버스 – 사슴 – 사과 – 입술	입술
토끼 – 사과 – 다리 – 버스 – 코트	사과
치마 – 트럭 – 주먹 – 사자 – 딸기	딸기

Tip 듣고 기억한 단어를 종이에 적어서 크기를 비교하게 해도 됩니다.

5개의 단어를 듣고 크기가 작은 것부터 순서대로 재배열하여 말해보세요.

단어목록	정답
모자-버스-개미-사과-입술	개미-입술-사과-모자-버스
다리-치마-기차-수박-고래	수박-치마-다리-고래-기차
탱크-양말-참새-수박-배꼽	배꼽-참새-양말-수박-탱크
치마-트럭-주먹-사자-딸기	딸기-주먹-치마-사자-트럭
버스-사슴-모자-배꼽-키위	배꼽-키위-모자-사슴-버스
참외-사자-머리-코트-택시	참외-머리-코트-사자-택시
토끼-사과-다리-택시-입술	입술-사과-토끼-다리-택시

6개의 단어를 듣고 가장 작은 것을 찾아 말해보세요.

단어목록	정답
사과-딸기-모자-택시-치마-버스	딸기
기차-고래-트럭-토끼-수박-키위	키위
참외-개미-주먹-배꼽-수박-참새	개미
모자-버스-기차-양말-다리-입술	입술
사자-토끼-바지-머리-코트-배꼽	배꼽
키위-사자-딸기-머리-다리-토끼	딸기
버스-양말-탱크-참새-치마-고래	참새

Tip 듣고 기억한 단어를 종이에 적어서 크기를 비교하게 해도 됩니다.

6개의 단어를 듣고 크기가 작은 것부터 순서대로 재배열하여 말해보세요.

단어목록	정답
코트-머리-딸기-다리-참외-치마	딸기-참외-머리-치마-다리-코트
택시-키위-주먹-배꼽-수박-탱크	배꼽-키위-주먹-수박-택시-탱크
양말-개미-기차-코트-토끼-트럭	개미-양말-토끼-코트-트럭-기차
머리-참새-고래-다리-양말-모자	참새-양말-모자-머리-다리-고래
토끼-배꼽-바지-사자-입술-코트	배꼽-입술-토끼-바지-코트-사자
키위-사과-치마-탱크-기차-모자	키위-사과-모자-치마-탱크-기차
수박-버스-택시-다리-배꼽-참외	배꼽-참외-수박-다리-택시-버스

PART 4

어휘력

음절 조합하여 단어 만들기

✦ 제시된 3음절 중에서 2음절을 조합하여 단어를 만들어보세요.

Tip 대상자가 활동을 어려워 할 경우, 첫 음절을 알려주면서 활동을 진행해도 됩니다.

1	불	이	⨯숭	→	이	불
2	술	빛	햇	→		
3	식	컵	당	→		
4	자	감	고	→		
5	거	교	학	→		
6	리	머	돌	→		
7	수	날	씨	→		
8	만	필	두	→		
9	우	유	휘	→		
10	개	베	어	→		

11	음	연	필	→		
12	장	간	밀	→		
13	동	김	물	→		
14	화	국	징	→		
15	살	침	아	→		
16	먼	피	커	→		
17	국	말	수	→		
18	심	비	왕	→		
19	비	냄	날	→		
20	언	늑	대	→		

21	안	경	미	→		
22	투	추	배	→		
23	장	갬	갑	→		
24	나	몬	레	→		
25	원	병	김	→		
26	열	울	쇠	→		
27	갈	업	수	→		
28	울	거	책	→		
29	신	숨	발	→		
30	후	마	치	→		

✦ 제시된 4음절 중에서 3음절을 조합하여 단어를 만들어보세요.

1 | 동 | 운 | 화 | ~~신~~ | → | 운 | 동 | 화 |

2 | 살 | 겹 | 삼 | 김 | → | | | |

3 | 람 | 다 | 쥐 | 수 | → | | | |

4 | 미 | 배 | 양 | 추 | → | | | |

5 | 호 | 변 | 기 | 사 | → | | | |

6 | 기 | 비 | 행 | 시 | → | | | |

7 | 고 | 수 | 등 | 어 | → | | | |

8 | 송 | 나 | 무 | 대 | → | | | |

9 | 전 | 미 | 거 | 자 | → | | | |

10 | 자 | 이 | 거 | 북 | → | | | |

| 11 | 건 | 손 | 수 | 잠 | → | | | |

| 2 | 궁 | 굴 | 무 | 화 | → | | | |

| 3 | 물 | 가 | 숨 | 락 | → | | | |

| 4 | 장 | 류 | 정 | 빵 | → | | | |

| 5 | 학 | 드 | 중 | 교 | → | | | |

| 6 | 솔 | 방 | 울 | 손 | → | | | |

| 7 | 제 | 수 | 비 | 미 | → | | | |

| 8 | 지 | 다 | 강 | 아 | → | | | |

| 9 | 걸 | 이 | 말 | 목 | → | | | |

| 10 | 수 | 노 | 피 | 아 | → | | | |

21	크	마	스	장	→			
23	무	리	독	수	→			
23	넘	태	기	줄	→			
24	토	노	리	도	→			
25	고	장	넘	냉	→			
26	소	방	경	관	→			
27	나	나	바	목	→			
28	리	낭	개	나	→			
29	탕	순	욕	목	→			
30	화	금	장	품	→			

31	관	도	시	락	→			
33	주	사	자	전	→			
33	기	세	탁	추	→			
34	소	토	유	주	→			
35	코	짱	뿔	소	→			
36	볶	이	국	떡	→			
37	고	바	구	마	→			
38	아	소	숭	복	→			
39	니	구	푸	바	→			
40	고	무	줄	구	→			

2 범주에 해당하는 단어 유추하기

◇ 정답(참고)은 333쪽에 있습니다.

✦ **글자(초성)를 보고 범주에 속하는 단어를 찾아 적어보세요.**

> **Tip** 대상자가 활동을 어려워 할 경우, 모음이나 어말종성을 추가 단서로 제공해도 됩니다.
>
> 예) ㅃㄱ → 빠ㄱ, 빨ㄱ, ㅃ가, ㅃ강 등
>
> 정답을 참고하되, 범주와 초성이 일치하는 단어는 무엇이든 답이 될 수 있습니다.

◆ 색깔 ◆

1	ㅃ ㄱ	→ 빨강
2	ㅂ ㄹ	→
3	ㄱ ㅈ	→
4	ㅎ ㅇ	→
5	ㅊ ㄹ	→
6	ㄴ ㄹ	→
7	ㅂ ㅎ	→
8	ㅈ ㅎ	→
9	ㅍ ㄹ	→
10	ㅇ ㄷ	→

> • 위 활동에서 나오지 않은 색깔 이름을 생각하여 써보세요.

◆ 동물 ◆

1 | ㅋ ㄲ ㄹ | → | |

2 | ㄱ ㄹ | → | |

3 | ㄱ ㅇ ㅇ | → | |

4 | ㅎ ㅁ | → | |

5 | ㅌ ㄲ | → | |

6 | ㄴ ㄱ ㄹ | → | |

7 | ㅇ ㅅ ㅇ | → | |

8 | ㅅ ㅈ | → | |

9 | ㅇ ㄹ ㅁ | → | |

10 | ㄴ ㅌ | → | |

• 위 활동에서 나오지 않은 동물 이름을 생각하여 써보세요.

◆ 채소 ◆

1 ㄱ ㅊ ➡

2 ㅇ ㅍ ➡

3 ㅁ ㄴ ➡

4 ㅇ ㅂ ㅊ ➡

5 ㅇ ㅅ ㅅ ➡

6 ㅁ ㄴ ㄹ ➡

7 ㄷ ㄱ ➡

8 ㅍ ㅍ ㄹ ㅋ ➡

9 ㅎ ㅂ ➡

10 ㅇ ㅇ ➡

• 위 활동에서 나오지 않은 채소 이름을 생각하여 써보세요.

과일 ◆

1	ㅍ ㄷ	→	
2	ㅊ ㅇ	→	
3	ㅇ ㄹ ㅈ	→	
4	ㅂ ㄴ ㄴ	→	
5	ㅍ ㅇ ㅇ ㅍ	→	
6	ㄹ ㅁ	→	
7	ㅅ ㅂ	→	
8	ㅅ ㄱ	→	
9	ㅂ ㅅ ㅇ	→	
10	ㅈ ㄷ	→	

• 위 활동에서 나오지 않은 과일 이름을 생각하여 써보세요.

◆ <u>스포츠</u> ◆

1 | ㅊ ㄱ | → |

2 | ㅁ ㄹ ㅌ | → |

3 | ㅅ ㅇ | → |

4 | ㅅ ㅋ | → |

5 | ㅂ ㄱ | → |

6 | ㅌ ㄱ ㄷ | → |

7 | ㄱ ㅍ | → |

8 | ㅂ ㄷ ㅁ ㅌ | → |

9 | ㅎ ㄷ ㅂ | → |

10 | ㄱ ㅌ | → |

• 위 활동에서 나오지 않은 스포츠 이름을 생각하여 써보세요.

1	ㅈ ㅁ	→	
2	ㅎ ㅁ ㄲ	→	
3	ㅋ ㅅ ㅁ ㅅ	→	
4	ㅂ ㅎ	→	
5	ㄱ ㅎ	→	
6	ㅈ ㄷ ㄹ	→	
7	ㅋ ㄴ ㅇ ㅅ	→	
8	ㅊ ㅉ	→	
9	ㄷ ㅂ ㄲ	→	
10	ㅎ ㄷ ㅎ	→	

• 위 활동에서 나오지 않은 꽃 이름을 생각하여 써보세요.

152

◆ 바다 생물 ◆

1   ㅂㄱㅅㄹ →

2   ㅇㅈㅇ →

3   ㄱㄷㅇ →

4   ㄱㅊ →

5   ㄱㅈㅁ →

6   ㅅㅎㅊ →

7   ㅁㄱ →

8   ㅎㅍㄹ →

9   ㅈㄱ →

10   ㅇㄹ →

• 위 활동에서 나오지 않은 생물(바다) 이름을 생각하여 써보세요.

1	ㅊ ㅅ	→	
2	ㅇ ㅈ	→	
3	ㄷ ㄹ	→	
4	ㅅ ㅌ ㄲ ㅇ	→	
5	ㄲ ㅂ	→	
6	ㅇ ㅂ	→	
7	ㅇ ㅅ	→	
8	ㄹ ㄷ ㅇ	→	
9	ㅂ ㄴ	→	
10	ㅎ ㅈ ㅈ	→	

• 위 활동에서 나오지 않은 생활용품 이름을 생각하여 써보세요.

✦ 제시된 수식어 뒤에 올 수 있는 단어를 찾아 적어보세요.

1. 편한 　신　발

_____

_____

_____

_____

2. 파란 　하　늘

_____

_____

_____

_____

3. 간단한 _____

_____

_____

_____

4. 가벼운 _____

_____

_____

_____

5. 즐거운 _____

_____

_____

_____

_____

6. 시원한 _____

_____

_____

_____

_____

7. 달콤한 _____

_____

_____

_____

_____

8. 뾰족한 _____

_____

_____

_____

_____

9. 따뜻한

_____

_____

_____

_____

_____

10. 검은

_____

_____

_____

_____

_____

11. 아름다운

_____

_____

_____

_____

12. 무거운

_____

_____

_____

_____

13. 깨끗한 _____

_____

_____

_____

_____

14. 큰 _____

_____

_____

_____

_____

15. 좋은 _____

_____

_____

_____

_____

16. 네모난 _____

_____

_____

_____

_____

17. 부드러운 _____

_____

_____

_____

_____

18. 미끄러운 _____

_____

_____

_____

_____

19. 먼 _____

_____

_____

_____

20. 빛나는 _____

_____

_____

_____

21. 밝은 _____

_____

_____

_____

_____

22. 하얀 _____

_____

_____

_____

_____

23. 느린 _____

_____

_____

_____

_____

24. 매운 _____

_____

_____

_____

_____

25. 위험한 _____

_____

_____

_____

_____

26. 신선한 _____

_____

_____

_____

_____

27. 힘든 _____

_____

_____

_____

28. 귀여운 _____

_____

_____

_____

범주가 다른 단어 찾기

✦ 범주가 다른 단어를 찾아 × 표시를 하고, 나머지 단어들의 공통 범주를 찾아 적어보세요.

1 | 사자 | 표범 | 호랑이 | ~~마늘~~ | → | **공통 범주** 동물

2 | 미나리 | 당근 | 호박 | 가방 | → | 공통 범주

3 | 사과 | 바나나 | 곰 | 수박 | → | 공통 범주

4 | 기차 | 고래 | 비행기 | 버스 | → | 공통 범주

5 | 립스틱 | 자 | 풀 | 볼펜 | → | 공통 범주

6 | 무당벌레 | 잠자리 | 장미 | 나비 | → | 공통 범주

7 | 나팔꽃 | 라일락 | 사슴 | 진달래 | → | 공통 범주

8 | 어깨 | 손목 | 팔꿈치 | 고무줄 | → | 공통 범주

9 | 태극기 | 연어 | 갈치 | 고등어 | → | 공통 범주

10 | 가을 | 봄 | 저녁 | 여름 | → | 공통 범주

11	덧셈	뺄셈	라면	나눗셈	→	공통 범주
12	오토바이	헬리콥터	승용차	냄비	→	공통 범주
13	독수리	오징어	광어	조기	→	공통 범주
14	메뚜기	빨대	장수 하늘소	소금쟁이	→	공통 범주
15	샴푸	카디건	원피스	나팔바지	→	공통 범주
16	서랍장	의자	소파	색소폰	→	공통 범주
17	비누	칫솔	교과서	수건	→	공통 범주
18	블루베리	밥그릇	뒤집개	국자	→	공통 범주
19	참외	감	한라봉	유모차	→	공통 범주
20	대문	시금치	무	양파	→	공통 범주

21	칼국수	샌드위치	잡채	허리띠	→	공통 범주
22	러시아	전화기	인도	이탈리아	→	공통 범주
23	과학자	세무사	종이	승무원	→	공통 범주
24	시청	학원	병원	건전지	→	공통 범주
25	비	안개	강낭콩	눈	→	공통 범주
26	탕수육	백합	물망초	유채꽃	→	공통 범주
27	필통	스케치북	지우개	회색	→	공통 범주
28	녹차	시소	미끄럼틀	그네	→	공통 범주
29	검도	레슬링	페인트	합기도	→	공통 범주
30	컴퓨터	다리	어깨	귀	→	공통 범주

31	갈매기	까치	새우	까마귀	→	공통 범주
32	불도저	굴착기	암석	크레인	→	공통 범주
33	침대	책상	장롱	프라이팬	→	공통 범주
34	장갑	슬리퍼	구두	장화	→	공통 범주
35	개천절	목요일	광복절	현충일	→	공통 범주
36	불고기	치킨	달력	삼겹살	→	공통 범주
37	교회	절	성당	수영	→	공통 범주
38	담배	와인	소주	막걸리	→	공통 범주
39	삼성	냉장고	LG	한화	→	공통 범주
40	간장	화장지	후추	설탕	→	공통 범주

◇ 정답(참고)은 341쪽에 있습니다.

✦ 공통점이 없는 단어를 찾아 × 표시를 하고, 나머지 단어들의 공통점을 찾아 적어보세요.

Tip 정답을 참고하되, 대상자의 주관적인 판단에 따라 다양한 답이 가능합니다.

1	고추	오이	떡볶이	핫소스	→	공통점
2	솜	깃털	나뭇잎	바위	→	공통점
3	연필	지우개	만년필	볼펜	→	공통점
4	아이스크림	팥빙수	핫도그	얼음물	→	공통점
5	죽	한약	물	매실액	→	공통점
6	KTX	달팽이	번개	치타	→	공통점
7	야구	탁구	마라톤	농구	→	공통점
8	밥	빵	국수	버섯	→	공통점
9	가지	딸기	고춧가루	사과	→	공통점
10	공책	동전	상자	엽서	→	공통점

11	말	병아리	송아지	망아지	→	공통점
12	불	난로	시계	온수	→	공통점
13	카메라	전화기	다리미	세탁기	→	공통점
14	치마	스웨터	조끼	티셔츠	→	공통점
15	청개구리	잔디	초록불	낙엽	→	공통점
16	황소	젖소	호랑이	얼룩말	→	공통점
17	타이어	토마토	숯	먹물	→	공통점
18	교과서	리모컨	잡지	설명서	→	공통점
19	바이올린	첼로	비올라	피아노	→	공통점
20	실	쇠사슬	밧줄	바퀴	→	공통점

21	바위	철	로션	뼈	→	공통점
22	순두부	계란찜	돌멩이	비누거품	→	공통점
23	바나나	겨자	소방차	은행잎	→	공통점
24	말	돼지	소	문어	→	공통점
25	눈	발	코	입	→	공통점
26	벚꽃	낙엽	단풍놀이	추수	→	공통점
27	젖병	기저귀	허리띠	포대기	→	공통점
28	이승만	나훈아	노무현	김영삼	→	공통점
29	딱풀	테이프	가위	본드	→	공통점
30	고혈압	당뇨	헌혈	비염	→	공통점

31	설탕	된장찌개	초콜릿	양갱	→	공통점
32	향수	섬유 유연제	방귀	방향제	→	공통점
33	강호동	서장훈	안정환	장윤정	→	공통점
34	대구	속초	부산	광주	→	공통점
35	제트기	가마	헬리콥터	열기구	→	공통점
36	모래	진주	루비	다이아 몬드	→	공통점
37	오렌지	파인애플	귤	사과	→	공통점
38	눈사람	산타	선풍기	군고구마	→	공통점
39	냇물	바다	산	호수	→	공통점
40	필리핀	중국	홍콩	프랑스	→	공통점

◇ 정답(참고)은 345쪽에 있습니다.

✦ 제시된 단어의 관계를 유추하여 <u>마지막 칸</u>에 들어갈 적절한 단어를 찾아 적어보세요.

Tip 정답을 참고하되, 대상자의 주관적인 판단에 따라 다양한 답이 가능합니다.

1	흉내	:	모방	=	소득	:	수입
2	있다	:	없다	=	많다	:	
3	비행기	:	하늘	=	배	:	
4	감자	:	고구마	=	콜라	:	
5	고등어	:	어류	=	참새	:	
6	뭉게	:	구름	=	인공	:	
7	바퀴	:	자전거	=	기둥	:	
8	밥	:	진지	=	생일	:	
9	거들다	:	돕다	=	겁내다	:	
10	춥다	:	덥다	=	시원하다	:	

11	청진기	:	의사	=	주사기	:	

12	선풍기	:	여름	=	난로	:	

13	외치다	:	소리치다	=	싸우다	:	

14	열다	:	닫다	=	(꽃이)피다	:	

15	빨래	:	세탁기	=	설거지	:	

16	목	:	목걸이	=	손가락	:	

17	가족	:	식구	=	결혼	:	

18	출발	:	도착	=	시작	:	

19	방귀	:	냄새	=	꽃	:	

20	코끼리	:	코	=	기린	:	

21	사과	:	배	=	강아지	:	
22	바지	:	의류	=	냉장고	:	
23	편지	:	봉투	=	고속	:	
24	비늘	:	물고기	=	날개	:	
25	가깝다	:	멀다	=	길다	:	
26	용감하다	:	비겁하다	=	조용하다	:	
27	장갑	:	손	=	양말	:	
28	서른	:	삼십	=	쉰	:	
29	교회	:	예수님	=	절	:	
30	119	:	소방서	=	112	:	

| 31 | 기부 | : | 기증 | = | 끈 | : | |

| 32 | 악담 | : | 덕담 | = | 적군 | : | |

| 33 | 코스모스 | : | 가을 | = | 개나리 | : | |

| 34 | 오리 | : | 동물 | = | 장미 | : | |

| 35 | 호랑 | : | 나비 | = | 초등 | : | |

| 36 | 돈 | : | 화폐 | = | 먹이 | : | |

| 37 | 묶다 | : | 매다 | = | 바뀌다 | : | |

| 38 | 굵다 | : | 가늘다 | = | 깊다 | : | |

| 39 | 주다 | : | 드리다 | = | 먹다 | : | |

| 40 | 1분 | : | 60초 | = | 1시간 | : | |

✦ 제시된 단어의 관계를 유추하여 <u>빈칸</u>에 들어갈 적절한 단어를 찾아 적어 보세요.

1 제과점 : [   ] = 풍경 : 관경

2 [   ] : 이별 = 찬성 : 반대

3 편지 : 우체국 = 돈 : [   ]

4 남자 : 소년 = [   ] : 소녀

5 수선화 : 채송화 = 고등어 : [   ]

6 [   ] : 채소 = 딸기 : 과일

7 [   ] : 사전 = 세종 : 대왕

8 [   ] : 건반 = 바이올린 : 현(줄)

9 아들 : 왕자 = [   ] : 공주

10 얼다 : 녹다 = 알다 : [   ]

11	불평	:		=	~아래	:	~밑

12	입학	:	졸업	=		:	배움

13	대한민국	:		=	중국	:	북경(베이징)

14	도서관	:	책	=		:	약

15	야구	:	배구	=	초록색	:	

16	버스	:	교통수단	=		:	음식

17	무당	:	벌레	=	헬리	:	

18	초록불	:	건넌다	=		:	멈춘다

19	아쉽다	:		=	(수를)세다	:	(수를) 헤아리다

20	아버지	:	아버님	=		:	연세

21	일	:		=	얼굴	:	안면
22	낮	:		=	하늘	:	땅
23		:	개구리	=	병아리	:	닭
24	앞	:	뒤	=	오른쪽	:	
25	나무	:	톱	=		:	가위
26	공책	:		=	탁구	:	스포츠
27	1주일	:	7일	=	1년	:	
28	주다	:		=	있다	:	계시다
29	코끼리	:		=	개미	:	작다
30		:	참다	=	죽다	:	사망하다

| 31 | 달걀 | : | 계란 | = | 채소 | : | |

| 32 | 주다 | : | | = | 가다 | : | 오다 |

| 33 | 눈 | : | 보다 | = | | : | 듣다 |

| 34 | | : | 제과점 | = | 휘발유 | : | 주유소 |

| 35 | 술 | : | 약주 | = | 집 | : | |

| 36 | | : | 서점 | = | 버릇 | : | 습관 |

| 37 | 과거 | : | 미래 | = | 어제 | : | |

| 38 | 더럽다 | : | 깨끗하다 | = | | : | (신발을) 벗다 |

| 39 | (눈을)감다 | : | | = | 이기다 | : | 지다 |

| 40 | 수박 | : | 과일 | = | 선인장 | : | |

글자(음소)를 바꿔 새로운 단어 만들기

◇ 정답(참고)은 353쪽에 있습니다.

✦ **제시된 단어에서 한 글자(음소)만 바꿔 의미 있는 새로운 단어를 만들어보세요**(단어 1개).

Tip 대상자가 활동을 어려워 할 경우, 어떤 음소를 바꾸면 되는지 알려주셔도 됩니다.

예) '돈'에서 받침을 다른 글자로 바꿔볼까요?

정답을 참고하되, 대상자의 주관적인 판단에 따라 다양한 답이 가능합니다.

1	돈	→	돌
2	공	→	
3	상	→	
4	귀	→	
5	일	→	
6	감	→	
7	굴	→	
8	정	→	
9	때	→	
10	맛	→	

11	눈	→	

12	비	→	

13	금	→	

14	백	→	

15	들	→	

16	사막	→	

17	반지	→	

18	서울	→	

19	허리	→	

20	소금	→	

21	상자	→	
22	도끼	→	
23	인두	→	
24	공주	→	
25	종지	→	
26	하늘	→	
27	구미	→	
28	자랑	→	
29	하마	→	
30	도산	→	

31	배나무	→	
32	관리기	→	
33	통조림	→	
34	화장실	→	
35	강아지	→	
36	잔소리	→	
37	까마귀	→	
38	개찰구	→	
39	목소리	→	
40	오른팔	→	

✦ 제시된 단어에서 한 글자(음소)만 바꿔 새로운 단어를 만들어보세요(단어 2개).

1	돈	→	돌	,	혼
2	산	→		,	
3	팔	→		,	
4	매	→		,	
5	북	→		,	
6	코	→		,	
7	옥	→		,	
8	밤	→		,	
9	물	→		,	
10	줄	→		,	

11	도장	→		,	
12	오리	→		,	
13	여자	→		,	
14	국기	→		,	
15	소비	→		,	
16	마음	→		,	
17	지상	→		,	
18	조기	→		,	
19	무사	→		,	
20	가을	→		,	

PART 5

문장력

Tip 치료사나 보호자는 부록 325–327쪽 문장을 읽어주세요. 주관식 문제는 정답이 없습니다.

1-1 제시된 그림과 들려주는 문장이 일치하는지 판단해보세요.

- 첫 번째 문장: 그림과 내용이 일치하나요?   예 / 아니요
- 두 번째 문장: 그림과 내용이 일치하나요?   예 / 아니요

1-2 그림을 보고 제시된 단어로 시작하는 문장을 만들어보세요.

- 사자가 _____

- 호랑이가 _____

2-1 제시된 그림과 들려주는 문장이 일치하는지 판단해보세요.

- 첫 번째 문장: 그림과 내용이 일치하나요? 예 / 아니요
- 두 번째 문장: 그림과 내용이 일치하나요? 예 / 아니요

2-2 그림을 보고 제시된 단어로 시작하는 문장을 만들어보세요.

- 군인이 _____

- 간호사가 _____

3-1 제시된 그림과 들려주는 문장이 일치하는지 판단해보세요.

- 첫 번째 문장: 그림과 내용이 일치하나요? 예 / 아니요
- 두 번째 문장: 그림과 내용이 일치하나요? 예 / 아니요

3-2 그림을 보고 제시된 단어로 시작하는 문장을 만들어보세요.

- 남자아이가 _____

- 여자아이가 _____

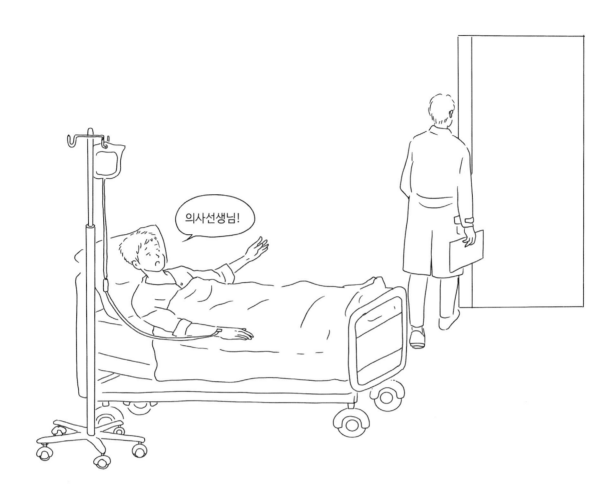

4-1 제시된 그림과 들려주는 문장이 일치하는지 판단해보세요.

- 첫 번째 문장: 그림과 내용이 일치하나요? 예 / 아니요
- 두 번째 문장: 그림과 내용이 일치하나요? 예 / 아니요

4-2 그림을 보고 제시된 단어로 시작하는 문장을 만들어보세요.

- 환자가 _____

- 의사가 _____

5-1 제시된 그림과 들려주는 문장이 일치하는지 판단해보세요.

- 첫 번째 문장: 그림과 내용이 일치하나요? 예 / 아니요
- 두 번째 문장: 그림과 내용이 일치하나요? 예 / 아니요

5-2 그림을 보고 제시된 단어로 시작하는 문장을 만들어보세요.

- 우편집배원이 _____

- 소방관이 _____

6-1 제시된 그림과 들려주는 문장이 일치하는지 판단해보세요.

- 첫 번째 문장: 그림과 내용이 일치하나요?   예 / 아니요
- 두 번째 문장: 그림과 내용이 일치하나요?   예 / 아니요

6-2 그림을 보고 제시된 단어로 시작하는 문장을 만들어보세요.

- 요리사가 _____

- 농부가 _____

7-1 제시된 그림과 들려주는 문장이 일치하는지 판단해보세요.

- 첫 번째 문장: 그림과 내용이 일치하나요? 예 / 아니요
- 두 번째 문장: 그림과 내용이 일치하나요? 예 / 아니요

7-2 그림을 보고 제시된 단어로 시작하는 문장을 만들어보세요.

- 엄마가 _____
- 아이가 _____

8-1 제시된 그림과 들려주는 문장이 일치하는지 판단해보세요.

- 첫 번째 문장: 그림과 내용이 일치하나요? 예 / 아니요
- 두 번째 문장: 그림과 내용이 일치하나요? 예 / 아니요

8-2 그림을 보고 제시된 단어로 시작하는 문장을 만들어보세요.

- 남자아이가 _____

- 여자아이가 _____

9-1 제시된 그림과 들려주는 문장이 일치하는지 판단해보세요.

　- 첫 번째 문장: 그림과 내용이 일치하나요?　예 / 아니요

　- 두 번째 문장: 그림과 내용이 일치하나요?　예 / 아니요

9-2 그림을 보고 제시된 단어로 시작하는 문장을 만들어보세요.

　- 군인이 ＿＿＿＿＿＿＿＿＿＿＿＿＿＿＿＿＿＿＿＿＿

　- 아이가 ＿＿＿＿＿＿＿＿＿＿＿＿＿＿＿＿＿＿＿＿＿

10-1 제시된 그림과 들려주는 문장이 일치하는지 판단해보세요.

- 첫 번째 문장: 그림과 내용이 일치하나요? 예 / 아니요
- 두 번째 문장: 그림과 내용이 일치하나요? 예 / 아니요

10-2 그림을 보고 제시된 단어로 시작하는 문장을 만들어보세요.

- 화가가 _____

- 야구선수가 _____

11-1 제시된 그림과 들려주는 문장이 일치하는지 판단해보세요.

- 첫 번째 문장: 그림과 내용이 일치하나요? 예 / 아니요
- 두 번째 문장: 그림과 내용이 일치하나요? 예 / 아니요

11-2 그림을 보고 제시된 단어로 시작하는 문장을 만들어보세요.

- 신랑이 _____

- 신부가 _____

12-1 제시된 그림과 들려주는 문장이 일치하는지 판단해보세요.

- 첫 번째 문장: 그림과 내용이 일치하나요?   예 / 아니요
- 두 번째 문장: 그림과 내용이 일치하나요?   예 / 아니요

12-2 그림을 보고 제시된 단어로 시작하는 문장을 만들어보세요.

- 승무원이 _____

- 사진사가 _____

13-1 제시된 그림과 들려주는 문장이 일치하는지 판단해보세요.

 - 첫 번째 문장: 그림과 내용이 일치하나요? 예 / 아니요
 - 두 번째 문장: 그림과 내용이 일치하나요? 예 / 아니요

13-2 그림을 보고 제시된 단어로 시작하는 문장을 만들어보세요.

 - 경찰관이 _____

 - 미용사가 _____

14-1 제시된 그림과 들려주는 문장이 일치하는지 판단해보세요.

- 첫 번째 문장: 그림과 내용이 일치하나요? 예 / 아니요
- 두 번째 문장: 그림과 내용이 일치하나요? 예 / 아니요

14-2 그림을 보고 제시된 단어로 시작하는 문장을 만들어보세요.

- 축구선수가 _____

- 발레리나가 _____

2 어절 재배열하기

✦ **어절을 재배열하여 문장을 완성해보세요(4어절).**

> Tip 대상자의 기능이 좋을 경우, 어절을 들려주고 순서대로 재배열하는 활동으로 진행해도 됩니다.

1. 운동하기 / 오늘은 / 날씨다. / 좋은

   → _____

2. 자서 / 늦잠을 / 늦었다. / 회사에

   → _____

3. 저녁 / 시금치와 / 반찬은 / 소시지다.

   → _____

4. 여동생은 / 있다. / 살고 / 인천에서

   → _____

5. 케이크를 / 간다. / 제과점에 / 사러

   → _____

6. 텔레비전에서 / 보았다. / 뉴스를 / 어제

   → _____

7. 채소를 / 몸이 / 먹어야 / 튼튼해진다.

   → _____

8. 아파서 / 병원에 / 무릎이 / 갔다.

   → _____

9. 할머니를 / 돌아오는 / 만났다. / 길에

   → _____

10. 할인한다. / 겨울 상품을 / 백화점에서 / 대폭

   → _____

11. 추워서 / 날씨가 / 입었다. / 외투를

→ _____

12. 해를 / 해바라기는 / 꽃이다. / 닮은

→ _____

13. 서랍을 / 열쇠를 / 꺼내라. / 열어서

→ _____

14. 위해 / 건강을 / 자전거를 / 탄다.

→ _____

15. 입고 / 신는다. / 양말을 / 치마를

→ _____

16. 사는 / 대구에 / 누나다. / 사람은

   → _____

17. 공원에는 / 사람이 / 많다. / 운동하는

   → _____

18. 더워서 / 날씨가 / 먹었다. / 팥빙수를

   → _____

19. 먹고 / 양치질을 / 한다. / 국수를

   → _____

20. 아이들이 / 귀여운 / 논다. / 놀이터에서

   → _____

✦ 어절을 재배열하여 문장을 완성해보세요(5어절).

> **Tip** 대상자의 기능이 좋을 경우, 어절을 들려주고 순서대로 재배열하는 활동으로 진행해도 됩니다.

1. 가장 / 대한민국에서 / 비빔밥이다. / 유명한 / 음식은

    → _____

2. 조카다. / 울고 있는 / 아이는 / 지금 / 영수의

    → _____

3. 돌아가는 / 집으로 / 길에 / 만났다. / 친구를

    → _____

4. 청소할 / 아직도 / 많이 / 남았다. / 곳이

    → _____

5. 상점이 / 이곳은 / 살기가 / 가까워서 / 편하다.

    → _____

6. 입은 / 아빠다. / 사람은 / 우리 / 조끼를

→ _____

7. 마트에서 / 치약과 / 엄마가 / 바나나를 / 사왔다.

→ _____

8. 지난주에 / 내려가다가 / 민수가 / 넘어졌다. / 계단을

→ _____

9. 운동도 / 공부도 / 잘하고 / 영희는 / 잘한다.

→ _____

10. 세탁기로 / 더러워서 / 옷이 / 너무 / 빨았다.

→ _____

11. 온 / 견학을 / 직원들이 / 아이들을 / 쳐다본다.

　→ _____

12. 새로운 / 고객만족도를 / 서비스를 / 시작한다. / 높이기 위해

　→ _____

13. 많이 / 비가 / 캠핑장이 / 와서 / 잠겼다.

　→ _____

14. 정말 / 아무도 / 비밀은 / 나의 / 모른다.

　→ _____

15. 선물을 / 비상금을 / 몰래 / 샀다. / 모아서

　→ _____

16. 고등학생이다. / 가영이는 / 지금 / 부산에 / 사는

→ _____

17. 친구를 / 오랜만에 / 볼 것이다. / 만나서 / 영화를

→ _____

18. 광주에 / 9시에 / 기차는 / 가는 / 출발한다.

→ _____

19. 넣어라. / 녹지 않도록 / 바로 / 냉장고에 / 얼음이

→ _____

20. 가기 위해 / 버스를 / 은수는 / 회사에 / 탔다.

→ _____

단어를 넣어 문장 만들기

✦ **제시된 단어를 넣어서 짧은 문장을 만들어보세요(3단어).**

> **Tip** 대상자의 기능이 좋을 경우, 단어를 들려주고 문장을 만드는 활동으로 진행해도 됩니다.

1. 약속, 여자친구, 영화

   → _____

2. 기억, 시험, 진땀

   → _____

3. 어깨, 목, 가족

   → _____

4. 열쇠, 아버지, 강아지

   → _____

5. 신문, 소방차, 휴가

   → _____

6. 비행기, 화장품, 출장

→ _____

7. 가방, 손수건, 도시락

→ _____

8. 백화점, 손님, 목걸이

→ _____

9. 청소, 세탁기, 수리 기사

→ _____

10. 꽃다발, 물, 약속

→ _____

11. 참새, 나무, 뱀

→ _____

12. 졸업, 단풍, 가을

→ _____

13. 칭찬, 춤, 할머니

→ _____

14. 학교, 의자, 겨울

→ _____

15. 사장, 스키, 눈

→ _____

16. 소, 두부, 기차

→ _____

17. 날개, 이웃, 우편함

→ _____

18. 잠, 농부, 장화

→ _____

19. 피아노, 프랑스, 돈

→ _____

20. 머리, 밤, 이불

→ _____

21. 몸무게, 날씨, 고민

　→ _____

22. 택시, 치마, 은행

　→ _____

23. 저녁, 창문, 장갑

　→ _____

24. 음악, 스웨터, 소파

　→ _____

25. 빵, 할아버지, 포크

　→ _____

26. 생선, 간판, 숟가락

→ _____

27. 벌레, 반지, 간호사

→ _____

28. 태극기, 계획, 김치

→ _____

29. 장미, 거리, 사람

→ _____

30. 동생, 목욕, 의자

→ _____

✦ 제시된 단어를 넣어서 짧은 문장을 만들어보세요(5단어).

Tip 대상자의 기능이 좋을 경우, 단어를 들려주고 문장을 만드는 활동으로 진행해도 됩니다.

1. 부산, 부러움, 공기, 산, 의자

   ➔ _____

2. 단점, 사랑, 약속, 희망, 손가락

   ➔ _____

3. 가시, 불안, 정원, 소독약, 휴식

   ➔ _____

4. 성격, 노래, 탬버린, 친구, 즐거움

   ➔ _____

5. 방학, 어렵다, 할머니, 백숙, 더위

   ➔ _____

6. 도움, 먹다. 식탁, 숟가락, 아들

   → _____

7. 제사, 청소, 나물, 그릇, 병풍

   → _____

8. 탈춤, 아프다, 관광, 지갑, 어깨

   → _____

9. 천재, 방해, 사람, 낮잠, 공부

   → _____

10. 동생, 대답, 심부름, 장난감, 슬리퍼

   → _____

11. 가을, 산, 아버지, 도시락, 나무

→ _____

12. 어깨, 허리, 구두, 상자, 응급실

→ _____

13. 시간, 발가락, 약국, 콜라, 아파트

→ _____

14. 냉장고, 문제, 소리, 김치, 삼촌

→ _____

15. 땀, 창문, 페인트, 화장지, 사다리

→ _____

16. 돈, 식당, 의자, 공휴일, 고춧가루

→ _____

17. 자동차, 안경, 연인, 선물, 커피

→ _____

18. 마이크, 컵, 스웨터, 관객, 박수

→ _____

19. 기저귀, 거실, 쿠션, 모빌, 담요

→ _____

20. 나무, 비누, 면세점, 초록색, 주전자

→ _____

21. 부탁, 윷놀이, 떡국, 팽이치기, 한복

→ _____

22. 죽, 도움, 이웃, 손톱, 초인종

→ _____

23. 대화, 추위, 대학교, 목도리, 붕어빵

→ _____

24. 바람, 우산, 도로, 가방, 원피스

→ _____

25. 엘리베이터, 착하다, 중학생, 아침, 인사

→ _____

26. 국수, 운동장, 계란, 벤치, 축구

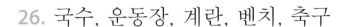

27. 야구, 버스, 쓰레기봉투, 치킨, 모자

→ _____

28. 여행, 불국사, 단체사진, 연못, 종이

→ _____

29. 수건, 선풍기, 목욕탕, 아주머니, 평상

→ _____

30. 목걸이, 신발, 쇼핑센터, 종이가방, 떡볶이

→ _____

4. 접속어에 맞는 문장 만들기

사전활동 접속어 특성을 고려하여, 뒤에 올 문장의 내용으로 적절한 것을 찾아 표시(✓)해보세요.

1. 수도꼭지가 꽁꽁 얼었다.

왜냐하면	① 어제 날씨가 너무 추웠기 때문이다. (　　)
	② 환경오염이 심각해졌기 때문이다. (　　)
	③ 냉동실에 보관했기 때문이다. (　　)
그래서	① 드라이기로 천천히 녹였다. (　　)
	② 컵라면을 끓여 먹었다. (　　)
	③ 출근을 하지 않았다. (　　)

2. 경찰서에서 전화가 왔다.

왜냐하면	① 핸드폰 요금을 내지 않았기 때문이다. (　　)
	② 냉장고 문을 열어놨기 때문이다. (　　)
	③ 어떤 사람이 내 명의를 도용했기 때문이다. (　　)
그래서	① 오늘 아침 경찰서에 가서 확인을 해야 한다. (　　)
	② 입사원서를 제출해야 한다. (　　)
	③ 편의점에 가서 건전지를 사야 한다. (　　)

3. 안경알이 깨졌다.

왜냐하면	① 7월 말에 여름휴가를 가기 때문이다. ( )
	② 모르고 안경을 깔고 앉았기 때문이다. ( )
	③ 서점에서 팔지 않는 책이기 때문이다. ( )
그래서	① 아이들과 놀이터에서 놀아줘야 한다. ( )
	② 양초에 불을 붙여야 한다. ( )
	③ 안경을 새로 맞춰야 한다. ( )

4. 회사에 지각을 했다.

왜냐하면	① 통근버스를 아깝게 놓쳤기 때문이다. ( )
	② 노란색 원피스를 입었기 때문이다. ( )
	③ 할머니에게 자주 전화를 하기 때문이다. ( )
그래서	① 상사에게 혼이 났다. ( )
	② 커피포트에 물을 끓였다. ( )
	③ 컴퓨터를 수리센터에 맡겼다. ( )

✦ **접속어의 특성을 고려하여, 뒤에 올 내용으로 적절한 문장을 만들어 보세요.**

5. 발목을 삐었다.

왜냐하면,	
그래서,	

6. 친구와 싸웠다.

왜냐하면,	
그래서,	

7. 핸드폰 요금이 연체되었다.

왜냐하면,	
그래서,	

8. 버스를 탔는데 지갑이 없다.

왜냐하면,	
그래서,	

9. 가족여행이 취소됐다.

왜냐하면,	
그래서,	

10. 스웨터에 구멍이 났다.

왜냐하면,	
그래서,	

11. 길에서 어린 아이가 울고 있다.

왜냐하면,	
그래서,	

12. 미역국이 상했다.

왜냐하면,	
그래서,	

13. 회사를 그만 두었다.

왜냐하면,	
그래서,	

14. 엄마에게 화를 냈다.

왜냐하면,	
그래서,	

15. 자동차가 고장 났다.

왜냐하면,	
그래서,	

16. 기르던 강아지가 도망갔다.

왜냐하면,	
그래서,	

17. 화분이 깨졌다.

왜냐하면,	
그래서,	

18. 광민이가 팔에 깁스를 했다.

왜냐하면,	
그래서,	

19. 새로 산 명희의 신발이 너무 크다.

왜냐하면,	
그래서,	

20. 자주 가던 식당이 문을 닫았다.

왜냐하면,	
그래서,	

21. 수도꼭지가 꽁꽁 얼었다.[4]

왜냐하면,	
그래서,	

22. 회사에 지각을 했다.[5]

왜냐하면,	
그래서,	

---

4) 220쪽 사전활동으로 진행했던 문장입니다.
5) 221쪽 사전활동으로 진행했던 문장입니다.

✦ 제시된 단어(동음이의어)의 두 가지 의미를 다 사용하여 문장을 만들어보세요.

Tip 동음이의어: 소리(형태)는 같으나 의미가 전혀 다른 두 개 이상의 단어

보기

1. 눈: 하늘에서 내리는 <u>눈</u>을 <u>눈</u>으로 직접 봤다.

2. 차: _____

3. 밤: _____

4. 사과: _____

5. 김: _____

6. 배: _____

7. 다리: _____

8. 말: _____

9. 굴: _____

10. 경비: _____

11. 돌: _____

12. 절: _____

13. 풀: _____

14. 시장: _____

15. 벌: _____

16. 등: _____

17. 구조: _____

18. 병: _____

19. 성: _____

20. 상: _____

PART 6

문제해결 &
확산·추론능력

동음이의어의 다른 의미로 문장 만들기

◇ 정답(참고)은 355쪽에 있습니다.

✦ 밑줄 친 단어(동음이의어)를 보기 문장과 다른 의미로 사용하여 문장을 만들어보세요.

1 보기 요즘은 바람이 <u>차다</u>

⇨ 발로 공을 <u>차다</u>

2 보기 돈을 펑펑 <u>쓰다</u>

⇨ _____

3 보기 졸려서 눈을 <u>감다</u>

⇨ _____

4 보기 배가 바다에 <u>뜨다</u>

⇨ _____

5 보기 벽에 페인트를 <u>바르다</u>

⇨ _____

6 보기 컵에 물을 붓다

⇨ _____

7 보기 내 생각이 맞다

⇨ _____

8 보기 엄마가 옷을 개다

⇨ _____

9 보기 선물을 포장지에 싸다

⇨ _____

10 보기 사고로 눈이 멀다

⇨ _____

11 [보기] 학교에 가기 위해 버스를 <u>타다</u>

⇨ _____

12 [보기] 점심으로 국수를 <u>말다</u>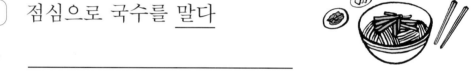

⇨ _____

13 [보기] 김칫독을 땅에 <u>묻다</u>

⇨ _____

14 [보기] 그릇 값을 월급에서 <u>까다</u>

⇨ _____

15 [보기] 더러워진 옷을 <u>빨다</u>

⇨ _____

16 보기 농번기에는 일손이 <u>달리다</u>

⇨ _____

17 보기 저울에 무게를 <u>달다</u>

⇨ _____

18 보기 더워서 소매를 <u>걷다</u>

⇨ _____

19 보기 온 힘을 다해서 수건을 <u>짜다</u>

⇨ _____

20 보기 어제 야구경기에서 <u>지다</u>

⇨ _____

2 문장 내용대로 순서 배열하기

✦ 문장을 읽고 상대적인 순서에 맞게 배열해보세요.

> **Tip** 대상자가 활동을 어려워 할 경우, '가장 키가 큰 사람은 누구일까요?'와 같이 객관식 활동으로 진행해도 됩니다.

1

철수는 민수보다 키가 크다.
민수는 영호보다 키가 크다.
영호는 성민이보다 키가 크다.

⇨ 키가 가장 큰 사람부터 작은 순서대로 배열해보세요.

<u>　철수　</u> ▶ <u>　민수　</u> ▶ <u>　영호　</u> ▶ <u>　성민　</u>

2

(영희의 집에서) 은행은 주유소보다 가깝다.
주유소는 서점보다 가깝다.
서점은 정육점보다 가깝다.

⇨ 영희의 집에서 가장 가까운 장소부터 먼 순서대로 배열해보세요.

<u>　　　　</u> ▶ <u>　　　　</u> ▶ <u>　　　　</u> ▶ <u>　　　　</u>

3

루비는 진주보다 비싸다.
진주는 사파이어보다 비싸다.
사파이어는 금보다 비싸다.

⇨ 가격이 가장 비싼 것부터 싼 순서대로 배열해보세요.

<u>　　　　</u> ▶ <u>　　　　</u> ▶ <u>　　　　</u> ▶ <u>　　　　</u>

4

재석이는 명수보다 먼저 회사에 들어왔다.
명수는 준하보다 먼저 회사에 들어왔다.
준하는 홍철이보다 먼저 회사에 들어왔다.

⇨ 회사에 먼저 입사한 사람부터 나중에 입사한 순서대로 배열해보세요.

_____ ▶ _____ ▶ _____ ▶ _____

5

코끼리는 하마보다 많이 먹는다.
하마는 코뿔소보다 덜 먹는다.
코뿔소는 코끼리보다 덜 먹는다.

⇨ 먹이를 많이 먹는 동물부터 적게 먹는 순서대로 배열해보세요.

_____ ▶ _____ ▶ _____

6

파란색 종이는 빨간색 종이보다 크다.
빨간색 종이는 검은색 종이보다 작다.
검은색 종이는 파란색 종이보다 작다.

⇨ 종이의 크기가 가장 큰 것부터 작은 순서대로 배열해보세요.

_____ ▶ _____ ▶ _____

7

> ▲는 ●보다 무겁다.
> ●는 ■보다 가볍다.
> ■는 ▲보다 가볍다.

⇨ 가장 무거운 것부터 가벼운 순서대로 배열해보세요.

_____ ▶ _____ ▶ _____

8

> 거실은 침실보다 어둡다.
> 침실은 부엌보다 밝다.
> 거실은 부엌보다 밝다.

⇨ 가장 밝은 곳부터 어두운 순서대로 배열해보세요.

_____ ▶ _____ ▶ _____

9

> 미희는 수진이보다 나이가 많다.
> 수진이는 영숙이보다 어리다.
> 영숙이는 미희보다 어리다.

⇨ 나이가 많은 사람부터 어린 순서대로 배열해보세요.

_____ ▶ _____ ▶ _____

10

> 동엽이는 경규보다 빨리 달린다.
> 재훈이는 성민이보다 늦게 달린다.
> 재훈이는 경규보다 빨리 달린다.
> 성민이는 동엽이보다 늦게 달린다.

⇨ 가장 빠르게 달리는 사람부터 느린 순서대로 배열해보세요.

_____ ▶ _____ ▶ _____ ▶ _____

11

> 하얀색 건물은 초록색 건물보다 높다.
> 초록색 건물은 빨간색 건물보다 낮다.
> 빨간색 건물은 하얀색 건물보다 높다.

⇨ 가장 높은 건물부터 낮은 순서대로 배열해보세요.

_____ ▶ _____ ▶ _____

12

> 텔레비전은 냉장고보다 (구매한 지) 오래됐다.
> 라디오는 냉장고보다 오래됐지만 밥솥보다는 덜 오래됐다.
> 밥솥은 텔레비전보다 덜 오래됐다.

⇨ 가장 먼저 구매한 물건부터 최근에 산 순서대로 배열해보세요.

_____ ▶ _____ ▶ _____ ▶ _____

13

상추는 토마토보다 빨리 자란다.
토마토는 감자보다 빨리 자라지만 고추보다는 빨리 자라지 않는다.
고추는 상추보다 빨리 자란다.

⇨ 가장 빨리 자라는 작물부터 느린 순서대로 배열해보세요.

_____ ▶ _____ ▶ _____ ▶ _____

14

하나는 두리보다 영화를 많이 봤다.
혜리는 두리보다 영화를 많이 봤지만 하나보다는 덜 봤다.
지은이는 두리보다 영화를 덜 봤다.

⇨ 가장 영화를 많이 본 사람부터 덜 본 순서대로 배열해보세요.

_____ ▶ _____ ▶ _____ ▶ _____

15

○는 ◇보다 무겁지만 △보다는 가볍다.
△는 □보다 가볍다.
□는 ☆보다 가볍다.

⇨ 가장 무거운 것부터 가벼운 순서대로 배열해보세요.

_____ ▶ _____ ▶ _____ ▶ _____ ▶ _____

3 결론의 타당성 판단하기

✦ 명제 문장을 읽고 결론이 타당한지 판단해보세요.

1
> 도롱뇽은 양서류다.
> 양서류는 피부 호흡을 한다.
> 그러므로 도롱뇽은 피부호흡을 한다.

⇨ 사실인가요? 예 / 아니요

2
> 치즈는 우유로 만들어졌다.
> 우유에는 칼슘이 들어있다.
> 그러므로 치즈에는 칼슘이 들어있지 않다.

⇨ 사실인가요? 예 / 아니요

3
> 항준이는 혼자서는 절대 공포영화를 보지 않는다.
> 항준이는 지금 혼자 있다.
> 그러므로 항준이가 지금 보는 영화는 공포영화가 아니다.

⇨ 사실인가요? 예 / 아니요

4

연희의 친구 중에는 남자가 한 명도 없다.
시우는 연희의 친구다.
그러므로 시우는 남자다.

⇨ 사실인가요?   예 / 아니요

5

미희는 비가 오면 꼭 머리를 묶는다.
그러므로 미희가 머리를 묶지 않은 날은 비가 오는 날이다.

⇨ 사실인가요?   예 / 아니요

6

선희는 일요일마다 목욕탕에 간다.
선희는 목욕탕에 가면 꼭 바나나우유를 마신다.
그러므로 선희는 일요일마다 바나나우유를 마신다.

⇨ 사실인가요?   예 / 아니요

7

민수는 비가 올 때만 서점에 간다.
오늘은 비가 오지 않는다.
그러므로 민수는 오늘 서점에 갈 것이다.

⇨ 사실인가요?   예 / 아니요

8

총무부 사람들은 모두 회식을 갔다.
민철이는 회식을 가지 않았다.
그러므로 민철이는 총무부 소속이다.

⇨ 사실인가요?   예 / 아니요

9

모든 아파트의 가격은 오천만 원 이상이다.
이 집의 가격은 삼천만 원이다.
그러므로 이 집은 아파트가 아니다.

⇨ 사실인가요?   예 / 아니요

10

슬기는 자신의 그림에 꼭 사인을 남긴다.
이 그림에는 사인이 없다.
그러므로 이 그림은 슬기가 그린 것이 아니다.

⇨ 사실인가요?　예　/　아니요

11

민철이는 학교에 갈 때 반드시 교복을 입는다.
오늘 민철이는 교복을 입지 않았다.
그러므로 민철이는 오늘 학교에 갔다.

⇨ 사실인가요?　예　/　아니요

12

종진이는 레스토랑에 갈 때면 꼭 남색 정장을 입는다.
종진이가 남색 정장을 입지 않는다면 그날은 레스토랑에 갈 것이다.

⇨ 사실인가요?　예　/　아니요

✦ 가상의 동물 이름이 들어간 문장 목록을 읽고 결론이 타당한지 판단해보
세요.

1

> 티티는 파란색이다.
> 파란색 동물은 모두 잠수를 잘한다.
> 그러므로 티티는 잠수를 잘한다.

➯ 사실인가요? 예 / 아니요

2

> 초초는 하늘을 난다.
> 이 동물은 하늘을 날지 못한다.
> 그러므로 이 동물은 초초가 아니다.

➯ 사실인가요? 예 / 아니요

3

> 뮤뮤는 추울 때 동그랗게 몸을 만다.
> 뮤뮤가 동그랗게 몸을 말지 않으면 춥지 않은 것이다.

➯ 사실인가요? 예 / 아니요

4

베베는 노래를 잘한다.
노래를 잘하는 동물은 모두 꼬리가 있다.
그러므로 베베는 꼬리가 없다.

⇨ 사실인가요?   예 / 아니요

5

쎄씨는 날개가 4개다.
이 동물은 날개가 2개다.
그러므로 이 동물은 쎄씨다.

⇨ 사실인가요?   예 / 아니요

6

규규는 배가 고프면 배를 두드린다.
규규가 배를 두드리지 않으면 배가 고픈 것이다.

⇨ 사실인가요?   예 / 아니요

7

또또는 바다에 산다.
바다에 살면 뮤뮤를 볼 수 있다.
그러므로 또또는 뮤뮤를 볼 수 있다.

⇨ 사실인가요?　예　/　아니요

8

차차는 피아노 연주를 좋아한다.
이 동물은 피아노 연주를 싫어한다.
그러므로 이 동물은 차차가 아니다.

⇨ 사실인가요?　예　/　아니요

9

디디는 눈이 오면 '포포'라고 소리를 낸다.
디디가 '도도'라고 소리를 내면 눈이 오지 않은 것이다.

⇨ 사실인가요?　예　/　아니요

10

네네는 눈이 세 개다.
눈이 세 개면 하늘을 날 수 없다.
그러므로 네네는 하늘을 날 수 있다.

⇨ 사실인가요?　예　/　아니요

11

조조는 알을 낳는다.
이 동물은 새끼를 낳는다.
그러므로 이 동물은 조조다.

⇨ 사실인가요?　예　/　아니요

12

리리는 태어난 지 열흘이 지나면 검은색 털이 자라난다.
만약 리리에게 검은색 털이 있다면, 태어난 지 열흘이 지난 것이다.

⇨ 사실인가요?　예　/　아니요

✦ **조건적 추리 문장을 읽고 결론이 타당한지 판단해보세요.**

1
> 만약 성현이가 일을 하고 있다면, 연구실에 있을 것이다.
> 지금 성현이는 일을 하고 있다.
> 그러므로 지금 성현이는 연구실에 없을 것이다.

⇨ 사실인가요?　예　/　아니요

2
> 만약 빨간색 치마를 입었다면, 그 사람이 미숙이다.
> 그 사람은 빨간색 치마를 입지 않았다.
> 그러므로 그 사람은 미숙이가 아니다.

⇨ 사실인가요?　예　/　아니요

3
> 만약 (자동차)계기판에 있는 주유등에 불이 들어온다면, 기름이
> 떨어진 것이다.
> 만약 기름이 떨어졌다면 당신은 주유소에 가야 한다.
> 그러므로 만약 계기판에 있는 주유등에 불이 들어온다면, 당신
> 은 주유소에 가야 한다.

⇨ 사실인가요?　예　/　아니요

4

걸어서 출근할 때 어머니는 반드시 운동화를 신는다.
그러므로 만약 오늘 어머니가 운동화를 신지 않았다면, 걸어서
출근하지 않은 것이다.

⇨ 사실인가요?   예 / 아니요

5

만약 검은색 봉지에 들어있다면, 그 고기가 차돌박이다.
만약 차돌박이라면, 된장찌개에 넣어야 한다.
그러므로 만약 고기가 하얀색 봉지에 들어있다면,
된장찌개에 넣어야 한다.

⇨ 사실인가요?   예 / 아니요

6

만약 보너스를 받는다면, 시연이는 꼭 노트북을 살 것이다.
그러므로 만약 시연이가 노트북을 샀다면, 보너스를 받지 않은 것이다.

⇨ 사실인가요?   예 / 아니요

7

만약 철희가 미국에 갔다면, 반드시 인천공항에서 비행기를 탔을 것이다.

철희는 김포공항에서 비행기를 탔다.

그러므로 철희는 미국에 갔을 것이다.

➡ 사실인가요?   예 / 아니요

8

만약 공장에 갔다면, 김 대리는 박 부장과 마주쳤을 것이다.

지금 김 대리는 공장에 갔다.

그러므로 김 대리는 박 부장과 마주쳤을 것이다.

➡ 사실인가요?   예 / 아니요

9

만약 영민이가 그 프로젝트를 성공했다면, 부장으로 승진했을 것이다.

지금 영민이는 과장이다.

그러므로 그 프로젝트는 성공했을 것이다.

➡ 사실인가요?   예 / 아니요

10

만약 내일 태풍이 온다면 버스가 운행되지 않을 것이다.

만약 버스가 운행되지 않는다면 민수는 자동차를 타고 출근해야 할 것이다.

그러므로 만약 내일 태풍이 온다면 민수는 자동차를 타고 출근해야 할 것이다.

⇨ 사실인가요?   예 / 아니요

11

만약 딸을 낳았다면 예진이는 반드시 분홍색 옷을 살 것이다.

그러므로 만약 초록색 옷을 샀다면, 예진이는 아들을 낳은 것이다.

⇨ 사실인가요?   예 / 아니요

12

만약 주희에게 천만 원 이상 있다면, 주희는 아반테를 살 것이다.

주희에게는 구백만 원이 있다.

그러므로 주희는 아반테를 살 것이다.

⇨ 사실인가요?   예 / 아니요

4 사물의 다양한 사용법 생각하기

◇ 정답(참고)은 359쪽에 있습니다.

✦ 제시된 사물의 본래 용도를 설명하고, 그 용도 외에 다르게 사용할 수 있는
방법을 자유롭게 생각해보세요.

Tip 정답을 참고하되, 대상자의 주관적인 판단에 따라 다양한 답이 가능합니다.

1

본래 용도: 밥을 뜰 때 사용한다.

대안적 방법: ① 병뚜껑을 딸 때 사용한다.
② 음식재료를 개량할 때 사용한다.
③ 냉동실에 넣어 차갑게 한 후
눈 마사지할 때 사용한다.

2

본래 용도: _____

대안적 방법: ① _____
② _____
③ _____

3

본래 용도: _____

대안적 방법: ① _____
② _____
③ _____

4

본래 용도: _____

대안적 방법: ① _____

② _____

③ _____

5

본래 용도: _____

대안적 방법: ① _____

② _____

③ _____

6

본래 용도: _____

대안적 방법: ① _____

② _____

③ _____

7

본래 용도: _____

대안적 방법: ① _____

② _____

③ _____

8

본래 용도: _____

대안적 방법: ① _____

② _____

③ _____

9

본래 용도: _____

대안적 방법: ① _____

② _____

③ _____

10

본래 용도: _____

대안적 방법: ① _____

② _____

③ _____

11

본래 용도: _____

대안적 방법: ① _____

② _____

③ _____

12

본래 용도: _____

대안적 방법: ① _____

② _____

③ _____

13

본래 용도: _____

대안적 방법: ① _____

② _____

③ _____

14

본래 용도: _____

대안적 방법: ① _____

② _____

③ _____

15

본래 용도: _____

대안적 방법: ① _____

② _____

③ _____

✦ 문제를 읽고 자신만의 방법으로 답을 생각해보세요.

서울에서 회사에 다니고 있는 세호는 귀농을 생각하고 있다. 정년이 10년 정도 남았지만 앞으로 회사를 얼마나 더 다닐 수 있을지 알 수 없고, 최근 과도한 업무 스트레스로 인해 도시를 떠나 한적한 시골로 가고 싶다는 마음이 부쩍 커지고 있다. 전업주부인 아내는 내년에 대학 진학을 앞둔 아들과 현재 중학교 3학년인 딸의 학업 문제만 해결된다면 귀농하는 것을 반대하지는 않겠다고 한다. 현재 세호는 주말이면 근교에 있는 주말농장에서 여러 작물을 가꾸고 있기 때문에 농업이 자신에게도 잘 맞는다고 생각하고 있다. 하지만 집에서 30분 거리에서 혼자 계신 어머님을 자주 찾아뵙지 못하는 점이 마음에 걸린다.

1-1 세호가 귀농을 결정할 때 고려해야 하는 것들은 어떤 것들이 있을까요?

① _____ ( )

② _____ ( )

③ _____ ( )

④ _____ ( )

⑤ _____ ( )

1-2 위의 항목에서 당신이 중요하다고 생각하는 순서대로 오른쪽 ( ) 안에 번호를 적어 넣어보세요.

미숙이는 월요일 아침이면 30분 일찍 집을 나선다. 회사 옆 커피숍에서 임원회의 때 필요한 커피를 미리 사서 준비해야 하기 때문이다. 오늘도 어김없이 30분 일찍 집에서 나와 차에 탔는데, 아무리 찾아봐도 휴대폰이 보이지 않았다. 다시 집에 가서 휴대폰을 챙겨 오느라 10분이나 지나버렸다. 미숙이는 급한 마음에 서둘러 시동을 걸고 회사로 출발했다. 그때 핸드폰 문자 알림이 울렸다. 핸드폰 대금이 연체되었고 오늘 오후 6시까지 결제하지 않으면 핸드폰 사용이 중지된다는 내용이었다. 통장에 잔고를 생각하다 그만 정지 신호를 보지 못하고 앞차와 충돌하고 말았다. 그 순간 미숙이는 아들의 선착순 학원 접수가 오늘부터라는 것이 생각났다.

2-1 한꺼번에 일어난 여러 일들을 어떤 순서와 방법으로 처리해야 할까요?

- 첫 번째 해야 할 일: _____
  해결방법: _____
- 두 번째 해야 할 일: _____
  해결방법: _____
- 세 번째 해야 할 일: _____
  해결방법: _____
- 네 번째 해야 할 일: _____
  해결방법: _____

서울에서 2시간 거리의 소도시에 사는 고등학교 3학년 명진이는 어떤 대학교에 진학하면 좋을지 고민하고 있다. 평소 역사학에 관심이 많은 명진이는 역사학과가 유명한 학교로 진학하고 싶어 한다. 그러나 명진이는 가게를 운영하시는 부모님을 대신하여 저녁에는 몸이 불편한 할머니를 챙겨야 하기 때문에 통학이 가능한 곳으로 가고 싶어 한다. 명진이는 학업성적이 우수하여 자신이 원하는 대학교에 대부분 갈 수 있고 일부 대학교에서는 장학금을 받을 수도 있다.

3-1 명진이에게 최선의 선택은 어떤 것일까요?

① 세계적인 역사학자가 있는 부산 소재 대학교. 전액 장학금 지원. 명진이가 원할 경우 석, 박사과정까지 연계하여 이수 가능함. 기숙사 또는 자취 생활 요구.

② 명진이의 집에서 버스로 30분가량 소요되는 새로 생긴 대학교. 전액 장학금 지원. 역사학과 있음.

③ 명진이가 사는 지역까지 셔틀버스를 운행하는 서울 소재 대학교. 전학기의 성적이 과에서 3등 안에 들 경우 전액 장학금 지원. 역사학과 있음.

④ 국내에서 최고로 손꼽히는 서울 소재 명문대학교. 역사학과 없음. 통학은 가능하나 버스와 지하철을 여러 번 환승해야 하며 2시간 이상 소요됨. 50% 장학금 지원.

⑤ 그 외 방법 (   )

요즘 민호는 내년에 돌아오는 어머니의 환갑을 어떻게 하면 잘 챙겨드릴 수 있을지 고민하고 있다. 겉으로는 '가족끼리 조촐하게 밥이나 먹자'라고 이야기하시지만 어머니도 내심 기대하시는 눈치다. 주변에는 모든 가족이 다 함께 환갑 기념으로 해외여행을 다녀왔다는 사람도 있고 부모님의 친구 분들을 모시고 호텔에서 성대하게 환갑잔치를 했다는 사람도 있다. 민호와 형제들은 어머니의 환갑을 준비하기 위해 미리 돈을 모으고 있었고 그 금액은 천만 원 정도다.

4-1 위에서 언급된 두 가지를 제외하고, 자녀들이 부모님의 환갑 생일에 해드릴 수 있는 일은 무엇이 있을까요?

① _____

② _____

4-2 당신이 민호라면 어머니의 환갑 생일에 어떤 것을 해드리고 싶나요?

_____

_____

4-3 그렇게 생각하는 이유는 무엇인가요?

_____

_____

4-4 그 일을 하기 위해서는 어떤 준비를 해야 할까요?

_____

_____

4-5 1960년대 중반 이전에는 평균 수명이 60세에도 못 미쳤기 때문에 환갑까지 사는 사람이 많지 않아 크게 잔치를 벌였다고 합니다. 현재는 평균 수명이 늘어남에 따라 사회 분위기가 달라지고 있습니다. 당신은 환갑을 기념하는 문화가 필요하다고 생각하십니까? 예 / 아니요

4-6 그렇게 생각하는 이유는 무엇입니까?

_____

_____

✦ **다음의 상황과 조건을 보고 질문에 답해보세요.**

12시간 후면 거대한 행성이 지구와 충돌하여 지구가 멸망하게 됩니다. 단 5명만이 안전벙커에서 생존할 수 있으며 이들이 인류의 새로운 역사를 시작하게 됩니다. 이 5명을 선택하는 권한이 당신에게 주어졌습니다.

1	김국민(남, 54세, 국회의원)	변호사 출신. 골프를 좋아함
2	백미선(여, 27세, 취업준비생)	취미는 인터넷 검색. 경영학 전공
3	소호수(남, 45세, 교사)	역사 담당. 텃밭에서 작물을 키움
4	이시은(여, 25세, 미용사)	일본어를 잘함. 독신주의자
5	정혜수(여, 38세, 전업주부)	두 아이의 엄마. 음식을 잘함
6	김철수(남, 23세, 대학생)	흡연자. 사진동아리 회장
7	고지동(남, 29세, 농부)	한 아이의 아빠. 동네 이장.
8	박수미(여, 42세, 회사원)	한 아이의 엄마. 취미는 피아노 연주
9	권지훈(남, 32세, 비행기기장)	올해 결혼함. 조기축구회 회원
10	김정수(남, 38세, 의사)	채식주의자. 취미는 자전거타기
11	한수호(남, 55세, 중식요리사)	호텔중식요리사, 노래를 잘함
12	도지희(여, 18세, 고등학생)	인기 유튜버, 바이올린을 전공함

5-1 어떤 사람을 선택하겠습니까?

① _____

② _____

③ _____

④ _____

⑤ _____

5-2 생존자를 선택할 때 어떤 점을 고려하였습니까?

_____

_____

✦ 지하철 노선도

❶호선　❷호선　❸호선　❹호선　❺호선　❻호선　❼호선　❽호선　❾호선　● 경의중앙선

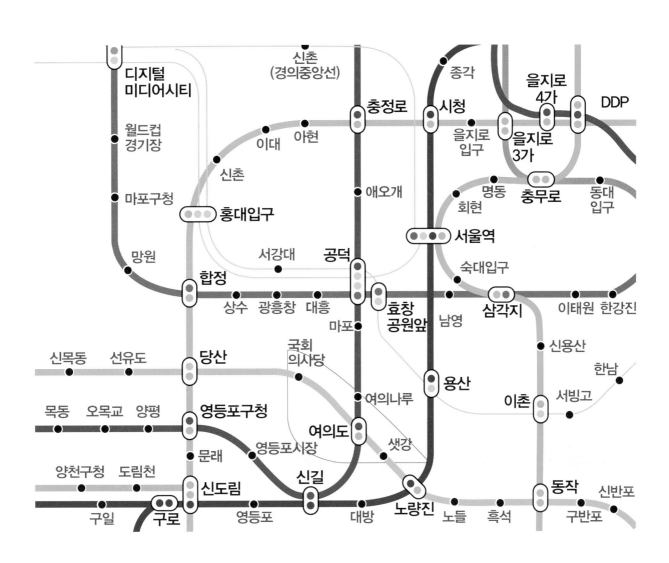

6-1 민서는 서울역에서 영등포구청에 가려고 합니다. 어떻게 가야 할까요? 가능한 방법을 5가지 찾아보세요.

① _____

② _____

③ _____

④ _____

⑤ _____

6-2 각 방법의 환승횟수와 지나가는 역의 수를 적어보세요.

	환승횟수	지나가는 역의 수
❶		
❷		
❸		
❹		
❺		

6-3 만약 당신이 민서라면, 어떤 방법으로 갈 건가요?

_____

6-4 그 이유는 무엇인가요?

_____

_____

✦ 놀이동산 지도

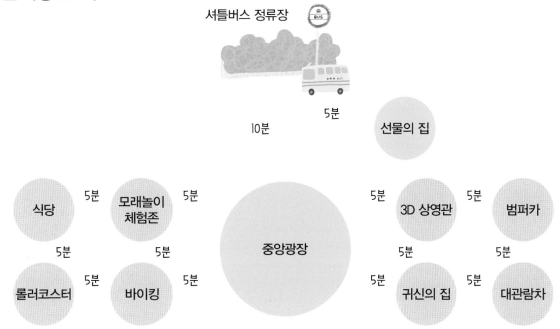

〈계획표〉

① 10:00 셔틀버스 정류장 도착함

② 19:30분 이전에 집에 도착해야 함.

　셔틀버스 정류장에서 집까지 편도 1시간 30분 소요됨

　(셔틀버스 출발시간: 17:00, 17:15, 17:45, 18:15, 18:45, 19:00, 19:15, 19:45)

③ 13:00 식당에서 친구들과 점심 약속함

④ 중앙광장 페스티벌 관람 예정

　(페스티벌 시작시간: 11:30, 15:30 / 페스티벌은 45분 소요됨)

⑤ 3D 상영관에서 영화 관람 예정

　(3D 영화는 매 시각 정각에 시작함 / 상영시간 30분)

⑥ 선물의 집에서 동생에게 줄 선물 구매 예정

⑦ 롤러코스터, 귀신의 집, 바이킹, 범퍼카 탑승 예정

　(각 놀이기구의 탑승 소요시간은 대기기간 포함하여 20분)

7-1 놀이동산 지도와 계획표를 이용하여 시간표를 만들어보세요.

10:00	30분
11:00	30분
12:00	30분
13:00	30분
14:00	30분
15:00	30분
16:00	30분
17:00	30분
18:00	30분
19:00	30분
20:00	30분

✦ **다음 상황에서 생길 수 있는 좋은 점과 안 좋은 점을 생각해보세요.**

> **Tip** 정답을 참고하되, 대상자의 주관적인 판단에 따라 다양한 답이 가능합니다.

---

1. 복권에 당첨되었다.

좋은 점	안 좋은 점
→ 큰 집으로 이사 할 수 있다.	→ 가족과 주변 사람들이 자신에게 의존한다.
→ 가족들과 해외여행을 갈 수 있다.	→ 도박, 유흥 같은 유혹에 빠지기 쉽다.
→ 하고 싶었던 사업을 할 수 있다.	→ 기존에 하던 일이 시시하게 느껴진다.

---

2. (지방 소도시에 살던 나는) 대도시로 이사하게 되었다.

좋은 점	안 좋은 점
→	→
→	→
→	→

---

3. 아들이 타 지역에 있는 대학교에 합격했다.

좋은 점	안 좋은 점
→	→
→	→
→	→

4. 반려동물을 키우게 되었다.

좋은 점	안 좋은 점
→	→
→	→
→	→

5. 집 바로 앞에 대형쇼핑몰이 생겼다.

좋은 점	안 좋은 점
→	→
→	→
→	→

6. (원래 없던) 중고자가용을 샀다.

좋은 점	안 좋은 점
→	→
→	→
→	→

7. 눈이 많이 와서 길 한가득 쌓였다.

좋은 점	안 좋은 점
→	→
→	→
→	→

8. (4살 아이가 있는 나는) 부모님과 함께 살게 되었다.

좋은 점	안 좋은 점
→	→
→	→
→	→

9. 살이 갑자기 많이 빠졌다.

좋은 점	안 좋은 점
→	→
→	→
→	→

PART 7

사회적 언어능력

다른의미 찾기

◇ 정답(참고)은 367쪽에 있습니다.

✦ **밑줄 친 부분의 의미가 다른 것을 찾아 표시(✓)해보세요.**

1 ① 어제 배가 아파서 병원에 <u>갔다</u>. (　　　)

　② 우체국에 <u>가려고</u> 집을 나섰다. (　　　)

　③ 지진의 영향으로 건물에 금이 <u>갔다</u>. (　　　)

　④ 부산에 사는 친구에게 <u>간다</u>. (　　　)

2 ① 두 <u>손</u>을 모아 기도했다. (　　　)

　② 뜨거운 물에 <u>손</u>을 데었다. (　　　)

　③ 수확 철에는 <u>손</u>이 모자란다. (　　　)

　④ 원하는 것을 <u>손</u>으로 가리켜라. (　　　)

3 ① 그는 교육자의 <u>길</u>을 걷고 있다. (　　　)

　② 퇴근 시간에는 <u>길</u>이 막힌다. (　　　)

　③ 초록불이 되면 <u>길</u>을 건넌다. (　　　)

　④ <u>길</u>에서 지갑을 주웠다. (　　　)

4 ① 새로 산 모자가 <u>머리</u>에 딱 맞다. (　　　)

　② <u>머리</u>가 나쁘면 손발이 고생한다. (　　　)

　③ 헬멧은 <u>머리</u>를 보호한다. (　　　)

　④ 삼촌이 효자손으로 <u>머리</u>를 때렸다. (　　　)

5 ① 어제 호랑이가 나오는 <u>꿈</u>을 꾸었다. (   )

　② 철수의 <u>꿈</u>은 변호사가 되는 것이다. (   )

　③ 드디어 '내 집 장만'의 <u>꿈</u>을 이루었다. (   )

　④ 그녀도 <u>꿈</u> 많은 소녀 시절이 있었다. (   )

6 ① 부디 <u>뜻</u>을 이루시길 바랍니다. (   )

　② 이제야 어머니의 <u>뜻</u>을 이해하게 되었다. (   )

　③ 네 <u>뜻</u>이 그렇다면 어쩔 수 없다. (   )

　④ Love의 <u>뜻</u>은 사랑이다. (   )

7 ① 수학 <u>문제</u>가 너무 어렵다. (   )

　② 수출 계약에 <u>문제</u>가 생기다. (   )

　③ 우리 가족의 <u>문제</u>를 찾았다. (   )

　④ <u>문제</u>에 부딪히면 스스로 해결방법을 찾아야 한다. (   )

8 ① 더덕 <u>뿌리</u>를 캐다. (   )

　② 나무의 <u>뿌리</u>가 드러났다. (   )

　③ 당근은 <u>뿌리</u>채소다. (   )

　④ 민족의 <u>뿌리</u>를 알아야 한다. (   )

9 ① 집 밖에서 깨지는 <u>소리</u>가 났다. (　　　)

② 피아노 <u>소리</u>가 듣기 좋다. (　　　)

③ 텔레비전 <u>소리</u>를 좀 줄여라. (　　　)

④ 정치인들은 국민의 <u>소리</u>를 잘 들어야 한다. (　　　)

10 ① 아침에 일어나면 <u>얼굴</u>부터 씻는다. (　　　)

② 넘어져서 <u>얼굴</u>에 상처가 났다. (　　　)

③ <u>얼굴</u>에 눈, 코, 입이 있다. (　　　)

④ 그 사람은 우리 회사를 대표하는 <u>얼굴</u>이다. (　　　)

11 ① 버스정류장까지는 걸어갈 수 있는 <u>거리</u>다. (　　　)

② 그 사람과는 <u>거리</u>가 느껴진다. (　　　)

③ 부산에서 서울까지의 <u>거리</u>가 얼마인가요? (　　　)

④ 우리 집에서 학교까지의 <u>거리</u>는 500M도 안 된다. (　　　)

12 ① 수화물의 <u>무게</u>를 줄여야 한다. (　　　)

② 책장이 <u>무게</u>를 견디지 못하고 무너졌다. (　　　)

③ 저울로 <u>무게</u>를 쟀다. (　　　)

④ 그는 슬픔의 <u>무게</u>를 혼자 견뎌냈다. (　　　)

13 ① 요즘은 아파트를 <u>높게</u> 짓는다. (　　　)

② 굽이 <u>높은</u> 구두를 신었다. (　　　)

③ 백두산이 가장 <u>높다</u>. (　　　)

④ 악명이 <u>높은</u> 선생님이 오셨다. (　　　)

14 ① 그녀의 취미는 그림을 <u>보는</u> 것이다. (　　　)

② 텔레비전을 <u>보다</u> 잠들었다. (　　　)

③ 극장에서 영화를 <u>봤다</u>. (　　　)

④ 커피숍에서 맞선을 <u>보다</u>. (　　　)

15 ① 교과서에 <u>나오는</u> 내용이다. (　　　)

② 신문에 내 사진이 <u>나왔다</u>. (　　　)

③ 졸업앨범에 이름이 잘못 <u>나왔다</u>. (　　　)

④ 요즘 집 밖으로 <u>나오지</u> 않는다. (　　　)

16 ① 예쁘게 사과를 <u>깎다</u>. (　　　)

② 감을 <u>깎다가</u> 손을 베었다. (　　　)

③ 우리 동생머리는 잘 <u>깎은</u> 밤톨 같다. (　　　)

④ 옷값을 5,000원이나 <u>깎았다</u>. (　　　)

17 ① 저 위에 있는 책을 <u>빼줄</u> 수 있겠니? (   )

② 주머니에서 손을 <u>빼야</u> 한다. (   )

③ 강도가 칼을 <u>빼서</u> 달려들었다. (   )

④ 통장에서 돈을 <u>빼서</u> 봉투에 넣었다. (   )

18 ① 신나게 팽이를 <u>돌렸다</u>. (   )

② 문손잡이를 세게 <u>돌렸더니</u> 고장이 났다. (   )

③ 주변 사람들에게 개업 떡을 <u>돌렸다</u>. (   )

④ 자전거 페달을 부지런히 <u>돌렸다</u>. (   )

19 ① 산에 단풍이 <u>들다</u>. (   )

② 가게 인테리어에 돈이 많이 <u>들었다</u>. (   )

③ 김장김치의 간이 제대로 <u>들다</u>. (   )

④ 와이셔츠에 노란 물이 <u>들었다</u>. (   )

20 ① 차에 시동을 <u>걸었다</u>. (   )

② 옷을 옷걸이에 <u>걸어라</u>. (   )

③ 대회에서 딴 금메달을 어머님 목에 <u>걸어드렸다</u>. (   )

④ 귀에 <u>걸</u> 귀걸이를 사러 갔다. (   )

21 ① 지금까지 모은 돈이 천만 원이 넘는다. (　　)

② 열두시가 넘어서야 목적지에 도착했다. (　　)

③ 범인은 산을 넘어서 도망쳤다. (　　)

④ 택배를 보낸다고 한 게 한 달이 넘었다. (　　)

22 ① 동물들이 먹이를 찾기 위해 강을 건넜다. (　　)

② 아이들이 손을 들고 길을 건넌다. (　　)

③ 배가 아파서 한 끼를 건넜다. (　　)

④ 건널목을 건널 때는 주위를 잘 살펴야 한다. (　　)

23 ① 상여금을 받아서 대출이자를 갚았다. (　　)

② 단골가게에서 외상값을 갚으라는 전화가 왔다. (　　)

③ 친구에게 빌린 돈을 이자까지 보태서 갚았다. (　　)

④ 부모님의 원수를 갚으려고 10년을 기다렸다. (　　)

24 ① 일찍 와서 제사 준비를 거들었다. (　　)

② 부모님 장사를 거들기 위해 진학을 포기했다. (　　)

③ 부모님께 월급을 다 드리면서 살림을 거들었다. (　　)

④ 너까지 싸움을 거들지 말고 가만히 있어라. (　　)

25 ① 체중계로 몸무게를 <u>재다</u>. (   )

② 온도계는 온도를 <u>재는</u> 도구이다. (   )

③ 어떤 회사가 좋을지 충분히 <u>재고</u> 나서 결정해도 된다. (   )

④ 줄자로 안방의 너비를 <u>재보아라</u>. (   )

26 ① 엄마는 아기를 품에 꼭 <u>안았다</u>. (   )

② 부담감을 <u>안고</u> 일을 시작했다. (   )

③ 꽃다발을 가슴에 <u>안고</u> 사진을 찍는다. (   )

④ 오랜만에 만난 연인은 서로를 꼭 <u>안았다</u>. (   )

27 ① 하마는 <u>입</u>이 큰 동물이다. (   )

② '아' 하고 <u>입</u>을 벌려보세요. (   )

③ 마취가 덜 풀려서 <u>입</u>이 안 다물어진다. (   )

④ <u>입</u>이 늘어서 생활비가 많이 든다. (   )

28 ① 남편과 논쟁을 <u>벌이다</u>. (   )

② 사업을 크게 <u>벌여서</u> 걱정이다. (   )

③ 최부자가 큰 마을잔치를 <u>벌였다</u>. (   )

④ 모든 학교에서 '잔반 줄이기' 운동을 <u>벌였다</u>. (   )

29　① 그 배우가 새 <u>광고</u>모델이 되었다. (　　)

　　② 요즘은 신문 <u>광고</u>를 보는 사람이 많이 없다. (　　)

　　③ 구인 사이트에 구인<u>광고</u>를 냈다. (　　)

　　④ 큰 소리로 동네방네 <u>광고</u>를 하는 것 같았다. (　　)

30　① 봄에는 여러 <u>꽃</u>들이 핀다. (　　)

　　② 그녀는 <u>꽃</u>을 가꾸는 것을 좋아한다. (　　)

　　③ 정원에 심을 <u>꽃</u>을 사러 간다. (　　)

　　④ <u>꽃</u> 같은 청춘을 다 바친 곳을 떠나게 되었다. (　　)

31　① 친구에게 생일 선물을 <u>받았다</u>. (　　)

　　② 오늘은 월급 <u>받는</u> 날이다. (　　)

　　③ 계속 독촉전화를 해서 겨우 외상값을 <u>받다</u>. (　　)

　　④ 너는 얼굴이 하얘서 빨간색이 잘 <u>받는다</u>. (　　)

32　① 피곤해서 편도선이 <u>부었다</u>. (　　)

　　② 컵에 물을 가득 <u>부었다</u>. (　　)

　　③ 라면을 먹고 자서 얼굴이 <u>부었다</u>. (　　)

　　④ 너무 많이 울면 눈이 <u>붓는다</u>. (　　)

✦ 대화 상황을 읽고 빈칸에 적절한 관용어구를 보기에서 찾아보세요.

보기

한턱을 내다   입이 떨어지지 않다   담을 쌓다

바람을 맞다   눈코 뜰 새 없다

1. A: 정희야, 어제 엄마한테 다 말했어?

   B: 아니, 못했어. 도저히 _____

2. A: 선희 씨, 어제 저녁에 왜 연락 안했어요?

   B: 퇴근하자마자 청소하고 빨래하고 식사 준비하느라 _____

3. A: 나는 운동이랑 완전 _____

   B: 안 돼. 운동해야 돼. 안 그러면 어깨고 허리고 안 아픈 데가 없다고.

4. A: 오늘 김 대리 표정이 왜 저래. 어제는 데이트 한다고 신나있더니.

   B: 말도 마세요. 어제 _____

5. A: 아들이 좋은 대학에 합격했다며! _____

   B: 감사합니다. 조만간 식사 대접하겠습니다.

어깨가 무겁다   발등에 불이 떨어지다   국수를 먹다

눈에 밟히다   비행기를 태우다

6. A: 박 과장, 이제 아이도 태어나고 해서 _____

   B: 네. 나중에 아이 공부시킬 생각하면 걱정이 태산이에요.

7. A: 김 대리, 지난번에 선 본 건 어떻게 됐어? 잘해서 _____

   B: 이번에는 꼭 잘해보려고요. 오늘 저녁에 같이 영화보기로 했어요.

8. A: 민수 씨 오늘 영화배우처럼 멋지네!

   B: 에이, 평소랑 똑같은데 괜히 _____

9. A: 내일 시험공부는 많이 했어?

   B: 아니, 빨리 가서 해야 돼. 지금 _____

10. A: 나 오늘 백화점에 다시 갈 거야, 어제 본 옷이 계속 _____

    B: 그러게, 어제 그냥 사지 그랬어.

낮이 익다   간이 부었다   배꼽을 잡다

다리 뻗고 자다   눈에 넣어도 아프지 않다

11. A: 혹시 우리 어디서 만난 적이 있나요? _____

   B: 기억 안 나세요? 지난 회의 때도 제가 왔었어요.

12. A: 박 과장 이제 딸 많이 컸지?

   B: 네, 애교가 얼마나 많은지 정말 _____

13. A: 미희 씨 이제 집 문제는 해결됐어?

   B: 드디어 집이 팔렸어요. 이제 _____

14. A: 주말에 새로 시작한 프로그램 봤어요? 정말 재미있던데요.

   B: 맞아. 나도 봤어, 너무 재미있어서 _____

15. A: 부인 몰래 그렇게 비싼 물건을 사다니, 너 _____

   B: 그러게, 들킬까봐 겁나 죽겠어.

보기

손이 크다   파김치가 되다   허리띠를 졸라매다
다리 뻗고 자다   마음을 비우다

16. A: 여보, 이제 우리 아들 학원을 2개 더 늘려야겠어.
    B: 아이고, 그럼 이제 더 _____

17. A: 오늘 일이 많았어? 완전 _____
    B: 응. 새벽부터 공장에 갔다 오느라 정신없이 바빴어.

18. A: 그때 잃어버렸다던 자료는 찾았어?
    B: 응, 그거 찾느라고 진짜 _____

19. A: 그때 본 면접 결과는 언제 나와?
    B: 다음 주 월요일. 근데 경쟁률이 높아서 _____

20. A: 엄마 또 이렇게 음식을 많이 했어? 엄마는 너무 _____
    B: 음식이 부족한 거 보다는 넉넉한 게 낫지.

눈앞이 깜깜하다　　한잔하다　　눈이 빠지다

입에 침이 마르다　　내 코가 석자다

21. A: 정희 씨는 일도 잘하고 센스도 있고 정말 괜찮은 것 같아.

　　　B: 정희 씨가 정말 마음에 들었나봐, ＿＿＿＿＿＿ 칭찬을 하네.

22. A: 내일까지 보고서를 써야 하는데 컴퓨터가 고장 났어. ＿＿＿＿

　　　B: 정말 큰일이네. 빨리 수리를 맡기는 게 낫지 않겠어?

23. A: 김 대리, 오늘 저녁에 약속 없으면 ＿＿＿＿＿＿＿＿＿?

　　　B: 죄송해요. 오늘은 선약이 있어요.

24. A: 그렇게 ＿＿＿＿＿＿ 누구 전화를 기다리는 거야?

　　　B: 지난번에 면접 본 회사 오늘 발표가 나거든요.

25. A: 좋은 사람 있으면 소개 좀 시켜주세요.

　　　B: ＿＿＿＿＿＿ 저도 남자친구 없어요.

보기

굴뚝같다   가슴이 철렁하다   한 눈을 팔다
손발이 맞다   쥐 죽은 듯하다

26. A: 나 어제 교통사고가 났다는 전화에 _____
    B: 그래도 크게 다치진 않아서 다행이야.

27. A: 오늘 저녁에는 삼겹살에 소주 한잔 어때?
    B: 나도 마음은 _____ 하지만 다이어트 중이라 참아야 돼.

28. A: 박 부장, 김 대리랑 일하는 건 어때?
    B: 좋아요. 같이 일한 지 오래돼서 _____

29. A: 요리하다 잠시 _____ 음식이 다 탔어요.
    B: 괜찮은데요. 그렇게 탄 거 같지 않아요.

30. A: 집이 왜 이렇게 _____ 조용해?
    B: 애들이 아직 안 왔어요. 학교에서 늦는데요.

◇ 정답(참고)은 367쪽에 있습니다.

✦ 밑줄 친 단어의 의미로 적절한 것을 찾아 번호를 적어보세요.

1 할머니의 머리는 <u>라면 같다</u>. (   )
 ① 머리가 꼬불꼬불하다.
 ② 머리가 라면이다.
 ③ 머리가 뜨겁다.

2 남동생의 방은 <u>돼지우리 같다</u>. (   )
 ① 방에서 돼지를 키운다.
 ② 방이 지저분하다.
 ③ 방이 넓다.

3 부모님의 품은 <u>나무그늘 같다</u>. (   )
 ① 부모님은 나무다.
 ② 부모님의 품은 편안하다.
 ③ 부모님은 시골에 사신다.

4 밤하늘에 <u>쟁반 같은 달이</u> 떴다. (   )
 ① 달이 둥글다.
 ② 달이 쟁반이다.
 ③ 달이 어둡다.

5 지영이의 입술은 <u>앵두 같다</u>. (   )

① 입술이 앵두다.

② 입술이 빨갛고 예쁘다.

③ 입술이 차갑다.

6 민수의 글씨는 <u>지렁이가 기어가는 것 같다</u>. (   )

① 글씨가 크다.

② 글씨가 지렁이다.

③ 글씨가 삐뚤빼뚤하다.

7 새로 이사한 집이 <u>대궐 같다</u>. (   )

① 집이 대궐이다.

② 집이 넓다.

③ 지하에 집이 있다.

8 세월이 <u>쏜살같다</u>. (   )

① 세월이 빠르다.

② 세월이 화살이다.

③ 세월이 1년이다.

9 우리 선생님은 <u>호랑이 같다</u>. (　　)

　① 선생님이 날씬하다.

　② 선생님이 무섭다.

　③ 선생님이 호랑이다.

10 희수의 머리카락은 <u>비단결 같다</u>. (　　)

　① 머리카락이 매끄럽다.

　② 머리카락이 비단이다.

　③ 머리카락이 노랗다.

11 동희가 달리는 모습이 <u>치타 같다</u>. (　　)

　① 동희는 치타다.

　② 동희는 고등학생이다.

　③ 동희는 빠르다.

12 어른들의 말씀은 <u>보약 같다</u>. (　　)

　① 말씀은 도움이 된다.

　② 말씀은 보약이다.

　③ 말씀은 조용하다.

13 아내의 잔소리는 <u>따발총 같다</u>. (　　　)

① 잔소리가 쉴 틈 없이 계속된다.

② 잔소리가 필요하다.

③ 잔소리가 따발총이다.

14 주리의 허리는 <u>개미허리 같다</u>. (　　　)

① 허리는 개미다.

② 허리가 가늘다.

③ 개미처럼 아름답다.

15 계곡물이 <u>얼음장 같다</u>. (　　　)

① 계곡물이 차갑다.

② 계곡물이 얼음장이다.

③ 계곡물이 말랐다.

16 다희의 눈은 <u>보석 같다</u>. (　　　)

① 눈이 보석이다.

② 눈이 나쁘다.

③ 눈이 반짝거리고 예쁘다.

17 수호의 주먹은 <u>강철 같다</u>. (   )

① 주먹이 깨끗하다.

② 주먹이 세다.

③ 주먹이 강철이다.

18 경희의 얼굴이 <u>홍당무 같다</u>. (   )

① 얼굴이 홍당무다.

② 얼굴이 빨개졌다.

③ 얼굴이 길다.

19 수지의 다리는 <u>젓가락 같다</u>. (   )

① 다리가 젓가락이다.

② 다리가 가늘다.

③ 다리가 저리다.

20 삼촌의 배는 <u>산 같다</u>. (   )

① 배가 많이 나왔다.

② 배가 산이다.

③ 배가 고프다.

21 준서는 <u>굼벵이 같다</u>. (　　　)

① 준서는 굼벵이다.

② 준서는 행동이 느리다.

③ 준서는 뱀띠이다.

22 미선이는 <u>바다 같은 마음을</u> 가졌다. (　　　)

① 미선이는 마음이 넓다.

② 미선이는 바다다.

③ 미선이는 회사 대표다.

23 기철이의 솜씨는 <u>귀신 같다</u>. (　　　)

① 기철이는 귀신이다.

② 기철이는 서울에 산다.

③ 기철이의 솜씨가 좋다.

24 우리집은 <u>절간 같다</u>. (　　　)

① 우리집은 절에 있다.

② 우리집은 좁다.

③ 우리집은 조용하다.

25 민경이의 피부는 <u>우유 같다</u>. (　　　)

① 피부가 하얗고 부드럽다.

② 피부가 우유다.

③ 피부가 탔다.

26 우리 딸은 <u>천사 같다</u>. (　　　)

① 딸이 천사다.

② 딸이 영화를 본다.

③ 딸이 착하다.

27 의성이의 앞니는 <u>토끼이빨 같다</u>. (　　　)

① 앞니가 크고 튀어나왔다.

② 앞니가 누렇다.

③ 의성이는 토끼다.

28 여행 가방이 <u>돌덩이 같다</u>. (　　　)

① 여행 가방이 돌로 만들어졌다.

② 여행 가방이 무겁다.

② 여행 가방은 백화점에서 샀다.

29 미희는 <u>백과사전 같다</u>. (　　　)

① 미희는 모르는 것이 없다.

② 미희는 백과사전이다.

③ 미희는 피아노를 잘 친다.

30 병원 대기실이 <u>도떼기 시장 같다</u>. (　　　)

① 병원 대기실이 시장이다.

② 병원 대기실이 시끄럽고 정신이 없다.

③ 병원 대기실이 가깝다.

31 이 문제는 <u>시한폭탄 같다</u>. (　　　)

① 문제가 곧 터질 것 같다.

② 문제가 시한폭탄이다.

③ 비가 와서 문제다.

32 그의 목소리는 <u>솜사탕 같다</u>. (　　　)

① 그가 솜사탕을 좋아한다.

② 그의 목소리가 듣기 좋다.

③ 그의 목소리는 크다.

4 적절하게 의사 표현하기

✦ **다음 상황에서 어떻게 말하는 게 좋을지 생각해보세요.**

1 미정이가 옷가게에 갔다. 마음에 드는 옷이 없으면 그냥 나올 생각이라 점원이 적극적으로 구매를 권하는 것은 부담스럽다. 옷가게에 들어서자마자 점원이 다가오며 말했다. "혹시 찾으시는 옷 있으세요?"

• 점원에게 어떻게 말하면 좋을까요?

⇨ _____

2 우진이가 회사 통근버스를 기다리고 있다. 통근버스는 탑승 정원 제한이 있어 일찍 줄을 서지 않으면 다음 버스를 타야 한다. 그러면 지각할 수도 있어 새벽부터 서둘러 나왔다. 드디어 통근버스가 와서 타려 하는데 갑자기 한 아주머니가 우진이 앞으로 끼어들었다.

• 그 아주머니에게 어떻게 말하면 좋을까요?

⇨ _____

3 취업준비생인 유미는 지난주에 면접 본 회사 연락을 기다리고 있다.
   애타는 마음으로 휴대폰을 몇 번이나 확인하는 유미에게 드디어 전
   화가 왔다. 반가운 마음에 전화를 받았더니 보험 상품을 권유하는 전
   화였다.

   ● 보험회사 직원에게 어떻게 말하면 좋을까요?

    _____

4 지하철을 타고 가던 미희는 앞에 앉은 할머니가 계속 신경 쓰인다.
   자신을 빤히 쳐다보기 때문이다. 불편해진 미희가 자리를 바꿔보았
   지만 할머니는 자세까지 바꿔가며 자신을 계속 쳐다보았다.

   ● 할머니에게 어떻게 말하면 좋을까요?

    _____

5 서희는 마네킹이 입고 있는 옷이 마음에 들었다. 재고가 없다며 난색을 표하는 점원을 졸라 마네킹이 입고 있던 옷을 벗겨 직접 입어보았다. 그런데 막상 입어 보니 자신에게 어울리지 않는 것 같았다. 옷가게 점원은 서희에게 너무 잘 어울린다며 자꾸 구매를 권한다.

● 점원에게 어떻게 말하면 좋을까요?

 _____

6 창수는 아파트에 살고 있다. 창수의 앞집은 항상 현관 옆에 쓰레기를 내다 놓아 보기에도 나쁘고, 안 좋은 냄새도 나곤 한다. 하루는 앞집에서 내다 놓은 음식물 쓰레기가 복도까지 흘러나오는 일이 발생했다.

● 앞집 사람에게 어떻게 말하면 좋을까요?

 _____

7 현수가 출근하기 위해 주차장에 내려와 보니, 다른 차가 현수의 차 앞에 이중주차를 해놓았다. 그 차를 밀어도 움직이지 않았고, 차 주인의 전화번호로 아무리 전화를 해도 받지 않았다. 어쩔 수 없이 현수는 택시를 타고 출근을 했지만 결국 제 시간에 출근하지 못해 상사한테 안 좋은 이야기를 들었다. 그제야 부재중 전화를 확인한 차 주인에게서 전화가 왔다.

● 차 주인에게 어떻게 말하면 좋을까요?

⇨ _____

8 아들과 식당에서 밥을 먹는데, 아들이 먹던 음식에서 철수세미로 보이는 이물질이 나왔다.

● 식당 주인에게 어떻게 말하면 좋을까요?

⇨ _____

9 민서는 타부서 동료로부터 아들 돌잔치 초대를 받았다. 자신이 결혼할 때 청첩장을 받고도 모른 척 했던 사람이라 당연히 돌잔치에 가지 않을 생각이다. 그런데 그 동료가 돌잔치에 오라는 이야기를 3번이나 하고 오늘은 직접 초대장까지 보내왔다.

• 그 동료에게 어떻게 말하면 좋을까요?

⇨ _____

✦ 제시된 상황에서 밑줄 친 문장의 진짜의미(발화의도)가 무엇인지 생각해보세요.

1 미희가 설거지를 하고 있다. 그때 거실에 있는 자신의 휴대폰이 울렸다. 미희는 거실에서 텔레비전을 보고 있던 남편에게 말했다. "<u>나 지금 손에 거품 묻었어.</u>"

⇨ 진짜의미(발화의도): <u>당신이 내 전화를 좀 받아줘.</u>

2 내일은 개학날이다. 하루 종일 TV만 보고 있는 딸에게 어머니께서 말씀하셨다. "<u>너 방학이 언제까지지?</u>"

⇨ 진짜의미(발화의도): _____

3 아주 추운 겨울 날, 얇은 외투를 입고 나온 숙희에게 인수가 말했다. "<u>오늘 일기예보 안 봤어?</u>"

⇨ 진짜의미(발화의도): _____

4 아이스크림 2개를 먹고 또 먹으려고 하는 딸에게 아버지께서 말씀하셨다. "너 병원가고 싶니?"

⇨ 진짜의미(발화의도): _____

5 아버지가 아들에게 TV 리모컨을 달라고 하자 아들이 리모컨을 아버지 쪽으로 던졌다. 기분이 나빠진 아버지가 아들에게 말했다. "내가 니 친구냐?"

⇨ 진짜의미(발화의도): _____

6 경수가 친구 집에 놀러갔다. 친구 어머니께서 식사를 준비하면서 경수에게 같이 먹겠냐고 물어보셨다. 경수가 말했다. "밥 먹고 왔어요."

⇨ 진짜의미(발화의도): _____

7 자신의 방에서 유튜브를 보던 영지에게 어머니께서 소리를 줄이라고 말씀하셨다. 영지가 소리를 줄이지 않자 어머니께서 다시 말씀하셨다. "너 지금 반항하는 거니?"

⇨ 진짜의미(발화의도): _____

8 김 과장이 새로 생긴 식당 음식이 너무 맛있다고 이야기하며 박 대리에게 물었다. "내일 저녁에 약속 있어?"

⇨ 진짜의미(발화의도): _____

9 친구가 강석이에게 100만 원을 빌려달라고 하자, 강석이가 친구에게 말했다. "와이프가 통장을 다 갖고 있어."

⇨ 진짜의미(발화의도): _____

10 아버지와 함께 등산을 하던 홍철이는 다리가 아파 아버지께 말했다. "아버지는 다리 안 아프세요?"

➪ 진짜 의미(발화의도): _____

11 서연이가 문정이에게 "퇴근하고 치킨 먹으러 같이 갈래?"라고 물어보니, 문정이가 대답했다. "나 어제도 치킨 먹었어."

➪ 진짜 의미(발화의도): _____

12 수진이가 버스에 앉아 있는데 한 할머니께서 수진이 앞으로 오시더니 말씀하셨다. "아이고, 다리가 너무 아프네."

➪ 진짜 의미(발화의도): _____

13 사무실에서 일을 하는데 갑자기 창문으로 바람이 들어왔다. 동료가 창가 자리에 있는 민기에게 말했다. <u>"민기 씨는 안 추워요?"</u>

⇨ 진짜의미(발화의도): _____

14 동수는 매일 지각을 해서 상사에게 혼이 났다. 오랜만에 제 시간에 출근한 동수를 보고 상사가 말했다. <u>"오늘은 동수 씨가 큰 일 했네."</u>

⇨ 진짜의미(발화의도): _____

15 주말에 중요한 자격증 시험이 있는데 하루 종일 잠만 자는 진철이에게 어머니께서 말씀하셨다. <u>"너 주말에 중요한 시험이라며?"</u>

⇨ 진짜의미(발화의도): _____

16 친구들과 저녁밥만 먹고 헤어지려고 하는데 친구들이 맥주를 한 잔 더 하자고 했다. 보민이가 친구들에게 말했다 "<u>나 내일 아침 일찍 나가봐야 돼.</u>"

⇨ 진짜의미(발화의도): _____

17 성민이가 여자 친구와 영화관에서 영화를 보는데 여자 친구가 자꾸 큰 소리로 말을 걸어왔다. 민망해진 성민이가 여자 친구에게 말했다. "<u>여기 영화관이야.</u>"

⇨ 진짜의미(발화의도): _____

18 더운 여름, 밖에서 일을 하다 사무실로 들어온 진우가 꺼져 있는 에어컨을 쳐다보며 말했다. "<u>다들 안 더워요?</u>"

⇨ 진짜의미(발화의도): _____

19 미영이가 밤늦게 퇴근해서 청소기를 돌렸다. 아랫집에 사는 아주머니께서 인터폰으로 말씀하셨다. "지금 시간이 몇 시예요?"

⇨ 진짜의미(발화의도): _____

20 수아가 거실에서 시험공부를 하는데 아버지께서 거실 텔레비전을 켜며 말씀하셨다. "공부를 꼭 거실에서 해야 되니?"

⇨ 진짜의미(발화의도): _____

21 미희가 시내에 있는 백화점 앞에서 친구를 기다리다 옆에 있는 사람에게 물었다. "실례지만, 혹시 시계 있으세요?"

⇨ 진짜의미(발화의도): _____

22 운동장에서 친구와 농구를 하던 정민이는 자판기를 보며 친구들에게 물었다. "돈 있는 사람 있어?"

⇨ 진짜의미(발화의도): _____

23 퇴근시간 직전 부장님이 김 대리에게 보고서를 내밀면서 말씀하셨다. "이거 오늘까지 마무리해야 하는데, 자네 오늘 바쁜 일 있는가?"

⇨ 진짜의미(발화의도): _____

24 찬호가 비싼 골프채를 지난주에 사고, 이번 주에 또 샀다. 새로 사온 골프채를 보며 아내가 말했다. "골프선수라도 될 건가봐?"

⇨ 진짜의미(발화의도): _____

25 친구들이 카드게임을 하고 있다. 지나가던 혜리가 그 모습을 한참 지켜보더니 말했다. "와, 그거 재밌어 보인다!"

⇨ 진짜의미(발화의도): _____

26 우성이는 아내에게 직장 동료들과 밥만 먹고 저녁 9시까지 집에 들어가겠다고 약속했다. 그런데 이야기가 길어져 밤 11시가 돼서야 집에 도착하게 되었다. 아내가 집에 들어온 우성이에게 말했다. "밥만 먹는데 4시간이나 걸려?"

⇨ 진짜의미(발화의도): _____

27 지성이는 현우와 만날 때마다 기분이 좋지 않다. 매번 30분 이상 늦기 때문이다. 오늘도 40분이나 늦게 온 현우에게 지성이가 말했다. "나는 시간이 남아도는 줄 아니?"

⇨ 진짜의미(발화의도): _____

28 민지가 여러 개의 박스를 들고 간다. 그 모습을 본 병호가 박스를 들어주겠다고 하자 민지가 말했다. "하나도 안 무거워요."

⇨ 진짜의미(발화의도): _____

29 철희가 거실에서 드라마를 보고 있다. 매일 저녁 9시면 TV 뉴스를 보시는 아버지께서 옆에 앉으며 말씀하셨다. "이제 뉴스 할 시간이네."

⇨ 진짜의미(발화의도): _____

✦ 듣는 사람의 입장을 고려했을 때 어떻게 말하는 게 가장 좋을지 생각해보세요.

1 **이야기 주제:** 아들이 올해 명문대학교에 합격했다.

① 재수하는 아들 때문에 걱정이 많은 친구에게

_____

_____

_____

② 손자의 입학소식을 애타게 기다리는 부모님께

_____

_____

_____

③ 자녀가 명문대학교에 재학 중인 직장 동료에게

_____

_____

_____

2 **이야기 주제:** 내 소유의 아파트 가격이 많이 올랐다.

① 집을 살까 말까 고민하는 친한 동생에게

_____

_____

_____

② 1년 전에 팔았던 아파트 가격이 많이 올라 속상해하는 친구에게

_____

_____

_____

③ 매달 받는 용돈을 미안해하며 걱정하시는 부모님께

_____

_____

_____

3 이야기 주제: 회사를 그만 둔다.

① 나를 괴롭히던 직장상사에게

_____

_____

_____

② 늘어나는 자녀 교육비로 걱정이 많은 부인(남편)에게

_____

_____

_____

③ 대기업에 다니는 나를 자랑스러워하는 부모님께

_____

_____

_____

4 이야기 주제: 둘째를 임신했다.

① 아이가 생기지 않아 우울해하는 친구에게

_____

_____

_____

② 동생은 싫다고 말하는 첫째 아이에게

_____

_____

_____

③ 출산 및 육아휴직으로 인한 업무 공백을 걱정하는 직장상사에게

_____

_____

_____

5 이야기 주제: 대기업에 합격했다.

① 나의 취업소식을 애타게 기다리는 부모님께

_____

_____

_____

② 함께 지원했지만 불합격한 친구에게

_____

_____

_____

③ 내년에 같은 회사에 지원하려 하는 후배에게

_____

_____

_____

부록·정답

❶ 101쪽은 가린 채로 치료사 또는 보호자가 보통의 속도(1초당 3–4음절 수준)로 본 페이지의 첫 번째 글자 목록(세 개의 글자)을 읽어줍니다.

❷ 20초 뒤 대상자에게 101쪽을 제시하고 들려주지 않았던 글자를 찾아 × 표 하도록 지시합니다.

1	닉	갈	따
2	뚜	므	뱌
3	밉	씸	꺼
4	치	맵	틉
5	쓰	붑	킨

102쪽 세 개의 글자

6	브	작	뭉

7	고	규	뿌

8	직	긍	던

9	르	더	갠

10	가	익	랄

11	바	랑	곤

12	퍼	핸	뻠

13	닐	흡	엑

14	엑	민	순

15	룬	팍	싱

103쪽 세 개의 비단어

1	곡시	니마	지흐
2	이숭	기갠	노띠
3	바고	두지	우르
4	오닉	식거	흘가
5	디글	티라	니님
6	르어	고노	가슌
7	밀개	규랑	익바
8	어직	껌니	고말
9	지둔	끼구	소그
10	니오	기홍	짐고

104쪽 다섯 개의 비단어

1	하파	사어	재나	영트	마니

2	겨미	스한	치미	래빠	자방

3	문미	미막	저미	구저	르위

4	진무	온피	라므	뚜리	치보

5	삐야	카소	풀비	리기	강노

6	락요	도저	보티	루디	나군

7	장빠	딩여	작스	담사	터배

8	크혀	단다	류기	커티	윅브

9	퀴바	표닥	총푸	비잠	녹르

10	느라	던터	묵나	푸나	갈말

❶ 105쪽은 가린 채로 치료사 또는 보호자가 보통의 속도(1초당 3-4음절 수준)로 본 페이지의 첫 번째 글자 목록(일곱 개의 비단어)을 읽어줍니다.

❷ 20초 뒤 대상자에게 들었던 단어에 O표 하도록 지시합니다.

105쪽 – 106쪽 일곱 개의 비단어

1	본그	직멍	샘뜨	라크	광흐	울종	실나
2	쓰이	찰빠	아머	지븐	머벌	고감	부짐
3	달한	사울	멈치	용뜨	구임	유번	물엉
4	구풀	꾸득	바리	보개	취모	상바	통직
5	치얼	지끼	배름	여무	일다	차잔	숙르

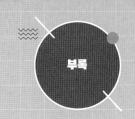
✦ 대상자가 그림에 집중할 수 있도록 유도하면서
보통의 속도(1초에 3음절 정도)로 정확하게 읽어주세요.

— 규범어순을 사용한 문장입니다. 상황에 따라 어순을 바꿔서 제시해도 됩니다.

문제 문장	정답
1-1 첫 번째 문장: 사자가 호랑이에게 쫓긴다.	⇨ 아니요
두 번째 문장: 호랑이가 사자에게 쫓긴다.	⇨ 예
2-1 첫 번째 문장: 간호사가 군인을 안았다.	⇨ 예
두 번째 문장: 군인이 간호사에게 안겼다.	⇨ 예
3-1 첫 번째 문장: 남자아이가 여자아이한테 팔을 물렸다.	⇨ 아니요
두 번째 문장: 남자아이가 여자아이의 팔을 물었다.	⇨ 예
4-1 첫 번째 문장: 환자가 의사를 불렀다.	⇨ 예
두 번째 문장: 의사가 환자를 불렀다.	⇨ 아니요
5-1 첫 번째 문장: 소방관이 우체부에게 업혔다.	⇨ 아니요
두 번째 문장: 소방관이 우체부를 업었다.	⇨ 예

6-1 첫 번째 문장: 요리사가 농부에게 팔목을 잡혔다.   ⇨ 아니요

      두 번째 문장: 농부가 요리사에게 팔목을 잡혔다.   ⇨ 예

7-1 첫 번째 문장: 아이가 엄마에게 뽀뽀를 했다.   ⇨ 예

      두 번째 문장: 엄마가 아이의 뽀뽀를 받았다.   ⇨ 예

8-1 첫 번째 문장: 여자아이가 남자아이를 밀었다.   ⇨ 아니요

      두 번째 문장: 남자아이가 여자아이에게 밀렸다.   ⇨ 아니요

9-1 첫 번째 문장: 아이가 군인의 편지를 뺏었다.   ⇨ 아니요

      두 번째 문장: 군인이 아이에게 편지를 뺏겼다.   ⇨ 아니요

10-1 첫 번째 문장: 야구선수가 화가의 발을 밟았다.   ⇨ 예

       두 번째 문장: 화가가 야구선수의 발을 밟았다.   ⇨ 아니요

문제 문장	정답

11-1 첫 번째 문장: 신부가 신랑에게 들렸다. ⇨ 아니요

두 번째 문장: 신부가 신랑을 들었다. ⇨ 예

12-1 첫 번째 문장: 사진사가 승무원에게 발로 차였다. ⇨ 예

두 번째 문장: 사진사가 승무원을 발로 찼다. ⇨ 아니요

13-1 첫 번째 문장: 경찰관이 미용사에게 꼬집혔다. ⇨ 아니요

두 번째 문장: 경찰관이 미용사를 꼬집었다. ⇨ 예

14-1 첫 번째 문장: 축구선수가 발레리나에게 야단맞았다. ⇨ 예

두 번째 문장: 발레리나가 축구선수를 야단쳤다. ⇨ 예

정답

PART 2-5 **문장을 듣고 어색한 부분 수정하기**   76P

1. 사고로 청력을 잃은 태원이는 어떤 음식을 먹어도 맛을 느끼지 못한다.

   → 사고로 <u>미각</u>을 잃은 태원이는 어떤 음식을 먹어도 맛을 느끼지 못한다.

2. 미국행 잠수함을 타는 삼촌을 배웅하러 공항에 간다.

   → 미국행 <u>비행기</u>를 타는 삼촌을 배웅하러 공항에 간다.

3. 여름은 기온과 습도가 낮아서 불쾌지수가 높다.

   → 여름은 기온과 습도가 <u>높아서</u> 불쾌지수가 높다.

4. 동생이 저녁으로 거미를 먹었다.

   → 동생이 저녁으로 <u>국수(음식 이름)</u>를 먹었다.

5. 출장 갔던 부장님은 어제 미국에서 돌아올 것이다.

   → 출장 갔던 부장님은 <u>내일</u> 미국에서 돌아올 것이다.

6. 영순이는 하늘에서 내리는 눈을 감았다.

   → 영순이는 하늘에서 내리는 눈을 <u>보았다.</u>

7. 서울역에서 출발하는 기차의 길이는 택시보다 짧다.

   → 서울역에서 출발하는 기차의 길이는 택시보다 <u>길다.</u>

8. 아이들이 기다리는 크리스마스는 추석 전에 온다.

   → 아이들이 기다리는 크리스마스는 추석 <u>다음</u>에 온다.

9. 외출할 때는 양말을 신은 다음 모자를 신는다.

→ 외출할 때는 양말을 신은 다음 <u>신발</u>을 신는다.

10. 나는 작년에 31살이 될 것이다.

→ 나는 <u>내년</u>에 31살이 될 것이다.

11. 서진이는 유미에게 잘 보이고 싶어서 검은색 정장을 입고 슬리퍼를 신었다.

→ 서진이는 유미에게 잘 보이고 싶어서 검은색 정장을 입고 <u>구두</u>를 신었다.

12. 대한민국의 남쪽에 있는 제주도는 독도보다 작다.

→ 대한민국의 남쪽에 있는 제주도는 독도보다 <u>크다</u>.

13. 홍식이는 친구에게 빨갛게 익은 사과를 했다.

→ 홍식이는 친구에게 빨갛게 익은 사과를 <u>주었다</u>.

14. 매운 음식을 잘 못 먹는 세윤이는 떡볶이를 먹을 땐 고춧가루를 듬뿍 넣어 먹는다.

→ 매운 음식을 잘 못 먹는 세윤이는 떡볶이를 먹을 때 <u>치즈</u>를 듬뿍 넣어 먹는다.

15. 물건을 사용하고 제자리에 두면 다음에 물건을 쉽게 찾을 수 없다.

→ 물건을 사용하고 제자리에 두면 다음에 물건을 쉽게 찾을 수 <u>있다</u>.

16. 동원이는 광고를 촬영하기 위해 작년에 베트남에 갈 것이다.

→ 동원이는 광고를 촬영하기 위해 <u>내년</u>에 베트남에 갈 것이다.

17. 포항의 첨성대는 매년 1월 1일이면 관광객으로 붐빈다.

→ 포항의 <u>간절곶</u>은 매년 1월 1일이면 관광객으로 붐빈다.

18. 국을 뜰 때 사용하는 국자는 숟가락보다 작다.

→ 국을 뜰 때 사용하는 국자는 숟가락보다 <u>크다</u>.

19. 보민이가 좋아하는 겨울 간식은 군고구마, 팥빙수, 귤이다.

→ 보민이가 좋아하는 겨울 간식은 군고구마, <u>붕어빵(겨울 간식)</u>, 귤이다.

20. 혜진이는 내일 잠을 많이 잤었다.

→ 혜진이는 <u>어제</u> 잠을 많이 잤었다.

21. 미국은 아시아에 있는 독일보다 영토가 넓다.

→ 미국은 아시아에 있는 <u>일본(중국 외 아시아 국가 이름)</u>보다 영토가 넓다.

22. 겨울은 너무 더워서 짧은 옷을 입어야 한다.

→ <u>여름</u>은 너무 더워서 짧은 옷을 입어야 한다.

23. 10월에 피는 개나리는 5월의 장미보다 아름답다.

→ <u>3월</u>에 피는 개나리는 5월의 장미보다 아름답다.

24. 세종기지가 있는 남극은 사막보다 덜 춥다.

→ 세종기지가 있는 남극은 사막보다 <u>더</u> 춥다.

25. 미희는 보름달이 뜨는 밤을 먹었다.

→ 미희는 보름달이 뜨는 밤을 <u>좋아한다.</u>

26. 유미는 지금 넘어져서 팔이 부러진 적이 있다.

→ 유미는 <u>예전에</u> 넘어져서 팔이 부러진 적이 있다.

27. 태풍이 북상하고 있기 때문에 창문을 잘 닫고 제설 준비를 철저히 해야 한다.

→ 태풍이 북상하고 있기 때문에 창문을 잘 닫고 <u>대비</u>를 철저히 해야 한다.

28. 시골에 사는 할아버지가 내년에 돌아가셨다.

→ 시골에 사는 할아버지가 <u>작년에</u> 돌아가셨다.

29. 준호가 아침 일찍 의자를 타고 학교에 간다.

→ 준호가 아침 일찍 <u>버스</u>를 타고 학교에 간다.

30. 친구에게 빌린 돈은 어제까지 꼭 갚을 것이다.

→ 친구에게 빌린 돈은 <u>내일까지</u> 꼭 갚을 것이다.

31. 철희는 황금박쥐가 살고 있는 굴을 먹었다.

→ 철희는 황금박쥐가 살고 있는 굴에 <u>들어갔다.</u>

32. 유리가 세수를 하고 나무에 비친 모습을 보았다.

→ 유리가 세수를 하고 <u>거울</u>에 비친 모습을 보았다.

33. 민정이가 기다리던 사과가 지난주에 개봉하였다.

→ 민정이가 기다리던 <u>영화</u>가 지난주에 개봉하였다.

34. 인천에 사는 큰 아버지는 우리 아버지보다 늦게 태어났다.

    → 인천에 사는 큰 아버지는 우리 아버지보다 일찍 태어났다.

35. 승현이에게 책을 주면서 양파를 사오라고 심부름을 시켰다.

    → 승현이에게 돈을 주면서 양파를 사오라고 심부름을 시켰다.

36. 영미는 고등학교를 졸업하고 서울에 있는 중학교에 입학했다.

    → 영미는 고등학교를 졸업하고 서울에 있는 대학교에 입학했다.

37. 민수가 백화점에서 시계와 손가락에 끼는 목걸이를 샀다.

    → 민수가 백화점에서 시계와 손가락에 끼는 반지를 샀다.

38. 태풍의 영향으로 어제는 하루 종일 비가 올 것이다.

    → 태풍의 영향으로 내일은 하루 종일 비가 올 것이다.

39. 감기에 걸리지 않으려면 외출 후에 손과 발을 깨끗이 씻고 시원한 물을 자주 마셔야 한다.

    → 감기에 걸리지 않으려면 외출 후에 손과 발을 깨끗이 씻고 따뜻한 물을 자주 마셔야 한다.

40. 지영이는 문구점에서 운동화 한 자루를 샀다.

    → 지영이는 문구점에서 연필 한 자루를 샀다.

PART 4-2 범주에 해당하는 단어 유추하기 147P

◆ 색깔 ◆

1	ㅃ ㄱ	→	빨강
2	ㅂ ㄹ	→	보라
3	ㄱ ㅈ	→	검정
4	ㅎ ㅇ	→	하양
5	ㅊ ㄹ	→	초록
6	ㄴ ㄹ	→	노랑
7	ㅂ ㅎ	→	분홍
8	ㅈ ㅎ	→	주황
9	ㅍ ㄹ	→	파랑
10	ㅇ ㄷ	→	연두

• 위 활동에서 나오지 않은 색깔 이름을 생각하여 써보세요.

  남색, 갈색, 하늘색, 금색, 은색 등

◆ 동물 ◆

1	ㅋ ㄲ ㄹ	→ 코끼리
2	ㄱ ㄹ	→ 고래
3	ㄱ ㅇ ㅇ	→ 고양이
4	ㅎ ㅁ	→ 하마
5	ㅌ ㄲ	→ 토끼
6	ㄴ ㄱ ㄹ	→ 너구리
7	ㅇ ㅅ ㅇ	→ 원숭이
8	ㅅ ㅈ	→ 사자
9	ㅇ ㄹ ㅁ	→ 얼룩말
10	ㄴ ㅌ	→ 낙타

• 위 활동에서 나오지 않은 동물 이름을 생각하여 써보세요.

강아지, 소, 닭, 고릴라, 호랑이 등

◆ 채소 ◆

1	ㄱ ㅊ	→	고추
2	ㅇ ㅍ	→	양파
3	ㅁ ㄴ	→	마늘
4	ㅇ ㅂ ㅊ	→	양배추
5	ㅇ ㅅ ㅅ	→	옥수수
6	ㅁ ㄴ ㄹ	→	미나리
7	ㄷ ㄱ	→	당근
8	ㅍ ㅍ ㄹ ㅋ	→	파프리카
9	ㅎ ㅂ	→	호박
10	ㅇ ㅇ	→	오이

• 위 활동에서 나오지 않은 채소 이름을 생각하여 써보세요.

배추, 파, 상추, 콩, 연근 등

◆ 과일 ◆

1	ㅍ ㄷ	→	포도
2	ㅊ ㅇ	→	참외
3	ㅇ ㄹ ㅈ	→	오렌지
4	ㅂ ㄴ ㄴ	→	바나나
5	ㅍ ㅇ ㅇ ㅍ	→	파인애플
6	ㄹ ㅁ	→	레몬
7	ㅅ ㅂ	→	수박
8	ㅅ ㄱ	→	사과
9	ㅂ ㅅ ㅇ	→	복숭아
10	ㅈ ㄷ	→	자두

• 위 활동에서 나오지 않은 과일 이름을 생각하여 써보세요.

배, 감, 살구, 귤, 망고 등

◆ <u>스포츠</u> ◆

1 | ㅊ ㄱ | → | 축구

2 | ㅁ ㄹ ㅌ | → | 마라톤

3 | ㅅ ㅇ | → | 수영

4 | ㅅ ㅋ | → | 스키

5 | ㅂ ㄱ | → | 배구

6 | ㅌ ㄱ ㄷ | → | 태권도

7 | ㄱ ㅍ | → | 골프

8 | ㅂ ㄷ ㅁ ㅌ | → | 배드민턴

9 | ㅎ ㄷ ㅂ | → | 핸드볼

10 | ㄱ ㅌ | → | 권투

• 위 활동에서 나오지 않은 스포츠 이름을 생각하여 써보세요.

유도, 농구, 쇼트트랙, 탁구 등

◆ 꽃 ◆

1	ㅈ ㅁ	→	장미
2	ㅎ ㅁ ㄲ	→	할미꽃
3	ㅋ ㅅ ㅁ ㅅ	→	코스모스
4	ㅂ ㅎ	→	백합
5	ㄱ ㅎ	→	국화
6	ㅈ ㄷ ㄹ	→	진달래
7	ㅋ ㄴ ㅇ ㅅ	→	카네이션
8	ㅊ ㅉ	→	철쭉
9	ㄷ ㅂ ㄲ	→	동백꽃
10	ㅎ ㄷ ㅎ	→	해당화

• 위 활동에서 나오지 않은 꽃 이름을 생각하여 써보세요.

개나리, 라일락, 안개꽃, 나팔꽃 등

◆ 바다 생물 ◆

1 ㅂ ㄱ ㅅ ㄹ → 불가사리

2 ㅇ ㅈ ㅇ → 오징어

3 ㄱ ㄷ ㅇ → 고등어

4 ㄱ ㅊ → 갈치

5 ㄱ ㅈ ㅁ → 가자미

6 ㅅ ㅎ ㅊ → 산호초

7 ㅁ ㄱ → 멍게

8 ㅎ ㅍ ㄹ → 해파리

9 ㅈ ㄱ → 조개

10 ㅇ ㄹ → 우럭

• 위 활동에서 나오지 않은 생물(바다) 이름을 생각하여 써보세요.

  연어, 문어, 광어, 해삼, 전복 등

◆ 생활용품 ◆

1	ㅊ ㅅ	→	칫솔
2	ㅇ ㅈ	→	의자
3	ㄷ ㄹ	→	달력
4	ㅅ ㅌ ㄲ ㅇ	→	손톱깎이
5	ㄲ ㅂ	→	꽃병
6	ㅇ ㅂ	→	이불
7	ㅇ ㅅ	→	우산
8	ㄹ ㄷ ㅇ	→	라디오
9	ㅂ ㄴ	→	비누
10	ㅎ ㅈ ㅈ	→	화장지

• 위 활동에서 나오지 않은 생활용품 이름을 생각하여 써보세요.

시계, 옷걸이, 전화기, 수건, 방석 등

PART 4-5 **공통점이 없는 단어 찾기** 166P

1	고추	~~오이~~	떡볶이	핫소스	→	공통점 맵다
2	솜	깃털	나뭇잎	~~바위~~	→	공통점 가볍다
3	연필	~~지우개~~	만년필	볼펜	→	공통점 쓴다
4	아이스 크림	팥빙수	~~핫도그~~	얼음물	→	공통점 시원하다
5	~~죽~~	한약	물	매실액	→	공통점 마신다
6	KTX	~~달팽이~~	번개	치타	→	공통점 빠르다
7	야구	탁구	~~마라톤~~	농구	→	공통점 구기종목
8	밥	빵	국수	~~버섯~~	→	공통점 주식
9	~~가지~~	딸기	고춧가루	사과	→	공통점 빨간색
10	공책	~~동전~~	상자	엽서	→	공통점 종이

11	~~말~~	병아리	송아지	망아지	→	공통점 새끼
12	불	난로	~~시계~~	온수	→	공통점 뜨겁다
13	카메라	전화기	다리미	~~세탁기~~	→	공통점 소형가전
14	~~치마~~	스웨터	조끼	티셔츠	→	공통점 상의
15	청개구리	잔디	초록불	~~낙엽~~	→	공통점 초록색
16	~~황소~~	젖소	호랑이	얼룩말	→	공통점 무늬
17	타이어	~~토마토~~	숯	먹물	→	공통점 검은색
18	교과서	~~리모컨~~	잡지	설명서	→	공통점 읽는다
19	바이올린	첼로	비올라	~~피아노~~	→	공통점 현악기
20	실	쇠사슬	밧줄	~~바퀴~~	→	공통점 줄(길다)

21	바위	철	~~로션~~	뼈	→	공통점 딱딱하다
22	순두부	계란찜	~~돌멩이~~	비누거품	→	공통점 부드럽다
23	바나나	겨자	~~소방차~~	은행잎	→	공통점 노란색
24	말	돼지	소	~~문어~~	→	공통점 가축
25	눈	~~발~~	코	입	→	공통점 얼굴 부위
26	~~벚꽃~~	낙엽	단풍놀이	추수	→	공통점 가을
27	젖병	기저귀	~~허리띠~~	포대기	→	공통점 아기용품
28	이승만	~~나훈아~~	노무현	김영삼	→	공통점 대통령
29	딱풀	테이프	~~가위~~	본드	→	공통점 붙인다
30	고혈압	당뇨	~~헌혈~~	비염	→	공통점 질병

31	설탕	~~된장찌개~~	초콜릿	양갱	→	공통점 달다
32	향수	섬유 유연제	~~방귀~~	방향제	→	공통점 향기
33	강호동	서장훈	안정환	~~장윤정~~	→	공통점 남자
34	대구	~~속초~~	부산	광주	→	공통점 광역시
35	제트기	~~가마~~	헬리콥터	열기구	→	공통점 날다
36	~~모래~~	진주	루비	다이아 몬드	→	공통점 보석
37	오렌지	~~파인애플~~	귤	사과	→	공통점 둥글다
38	눈사람	산타	~~선풍기~~	군고구마	→	공통점 겨울
39	냇물	바다	~~산~~	호수	→	공통점 물
40	필리핀	중국	홍콩	~~프랑스~~	→	공통점 아시아

PART 4-6 **단어의 관계 유추하기** 170P

1	흉내	:	모방	=	소득	:	수입
2	있다	:	없다	=	많다	:	적다
3	비행기	:	하늘	=	배	:	바다
4	감자	:	고구마	=	콜라	:	사이다
5	고등어	:	어류	=	참새	:	조류
6	뭉게	:	구름	=	인공	:	호흡
7	바퀴	:	자전거	=	기둥	:	집
8	밥	:	진지	=	생일	:	생신
9	거들다	:	돕다	=	겁내다	:	두려워하다
10	춥다	:	덥다	=	시원하다	:	따뜻하다

11	청진기	:	의사	=	주사기	:	간호사
12	선풍기	:	여름	=	난로	:	겨울
13	외치다	:	소리치다	=	싸우다	:	다투다
14	열다	:	닫다	=	(꽃이)피다	:	지다
15	빨래	:	세탁기	=	설거지	:	식기세척기
16	목	:	목걸이	=	손가락	:	반지
17	가족	:	식구	=	결혼	:	혼인
18	출발	:	도착	=	시작	:	끝
19	방귀	:	냄새	=	꽃	:	향기
20	코끼리	:	코	=	기린	:	목

21	사과	:	배	=	강아지	:	고양이
22	바지	:	의류	=	냉장고	:	가전제품
23	편지	:	봉투	=	고속	:	도로
24	비늘	:	물고기	=	날개	:	새
25	가깝다	:	멀다	=	길다	:	짧다
26	용감하다	:	비겁하다	=	조용하다	:	시끄럽다
27	장갑	:	손	=	양말	:	발
28	서른	:	삼십	=	쉰	:	오십
29	교회	:	예수님	=	절	:	부처님
30	119	:	소방서	=	112	:	경찰서

31	기부	:	기증	=	끈	:	줄
32	악담	:	덕담	=	적군	:	아군
33	코스모스	:	가을	=	개나리	:	봄
34	오리	:	동물	=	장미	:	식물
35	호랑	:	나비	=	초등	:	학교
36	돈	:	화폐	=	먹이	:	사료
37	묶다	:	매다	=	바뀌다	:	변하다
38	굵다	:	가늘다	=	깊다	:	얕다
39	주다	:	드리다	=	먹다	:	잡수시다
40	1분	:	60초	=	1시간	:	60분

1	제과점	:	빵집	=	풍경	:	관경
2	만남	:	이별	=	찬성	:	반대
3	편지	:	우체국	=	돈	:	은행
4	남자	:	소년	=	여자	:	소녀
5	수선화	:	채송화	=	고등어	:	조기
6	배추	:	채소	=	딸기	:	과일
7	백과	:	사전	=	세종	:	대왕
8	피아노	:	건반	=	바이올린	:	현(줄)
9	아들	:	왕자	=	딸	:	공주
10	얼다	:	녹다	=	알다	:	모르다

11	불평	:	불만	=	~아래	:	~밑
12	입학	:	졸업	=	마중	:	배웅
13	대한민국	:	서울	=	중국	:	북경(베이징)
14	도서관	:	책	=	약국	:	약
15	야구	:	배구	=	초록색	:	빨간색
16	버스	:	교통수단	=	칼국수	:	음식
17	무당	:	벌레	=	헬리	:	콥터
18	초록불	:	건넌다	=	빨간불	:	멈춘다
19	아쉽다	:	아깝다	=	(수를)세다	:	(수를) 헤아리다
20	아버지	:	아버님	=	나이	:	연세

21	일	:	업무	=	얼굴	:	안면
22	낮	:	밤	=	하늘	:	땅
23	올챙이	:	개구리	=	병아리	:	닭
24	앞	:	뒤	=	오른쪽	:	왼쪽
25	나무	:	톱	=	종이	:	가위
26	공책	:	학용품	=	탁구	:	스포츠
27	1주일	:	7일	=	1년	:	365일
28	주다	:	드리다	=	있다	:	계시다
29	코끼리	:	크다	=	개미	:	작다
30	견디다	:	참다	=	죽다	:	사망하다

31	달걀	:	계란	=	채소	:	야채
32	주다	:	받다	=	가다	:	오다
33	눈	:	보다	=	귀	:	듣다
34	빵	:	제과점	=	휘발유	:	주유소
35	술	:	약주	=	집	:	댁
36	책방	:	서점	=	버릇	:	습관
37	과거	:	미래	=	어제	:	내일
38	더럽다	:	깨끗하다	=	신다	:	(신발을) 벗다
39	(눈을)감다	:	뜨다	=	이기다	:	지다
40	수박	:	과일	=	선인장	:	식물

PART 4-7 글자(음소)를 바꿔 새로운 단어 만들기   178P

1	돈	→	돌
2	공	→	곰
3	상	→	산
4	귀	→	뒤
5	일	→	실
6	감	→	담
7	굴	→	술
8	정	→	절
9	때	→	개
10	맛	→	낫
11	눈	→	군
12	비	→	배
13	금	→	김
14	백	→	색
15	들	→	글
16	사막	→	사망
17	반지	→	단지
18	서울	→	거울
19	허리	→	거리
20	소금	→	조금

21	상자	→	낭자
22	도끼	→	조끼
23	인두	→	인구
24	공주	→	공구
25	종지	→	종이
26	하늘	→	마늘
27	구미	→	구리
28	자랑	→	사랑
29	하마	→	가마
30	도산	→	도난
31	배나무	→	대나무
32	관리기	→	관리비
33	통조림	→	콩조림
34	화장실	→	회장실
35	강아지	→	망아지
36	잔소리	→	판소리
37	까마귀	→	사마귀
38	개찰구	→	개살구
39	목소리	→	목도리
40	오른팔	→	오른발

1	돈	→	돌	,	혼
2	산	→	간	,	살
3	팔	→	말	,	팥
4	매	→	배	,	무
5	북	→	불	,	국
6	코	→	소	,	키
7	옥	→	목	,	곡
8	밤	→	감	,	방
9	물	→	굴	,	문
10	줄	→	술	,	죽
11	도장	→	고장	,	도정
12	오리	→	고리	,	오기
13	여자	→	겨자	,	여지
14	국기	→	국가	,	군기
15	소비	→	고비	,	소리
16	마음	→	마을	,	미음
17	지상	→	지성	,	시상
18	조기	→	고기	,	조개
19	무사	→	무시	,	수사
20	가을	→	고을	,	가글

PART 6-1 동음이의어의 다른 의미로 문장 만들기 234P

1 보기 요즘은 바람이 <u>차다</u>
⇨ 발로 공을 <u>차다</u>

2 보기 돈을 펑펑 <u>쓰다</u>
⇨ 연필로 글씨를 쓰다

3 보기 졸려서 눈을 <u>감다</u>
⇨ 얼레에 실을 감다

4 보기 배가 바다에 <u>뜨다</u>
⇨ 겨우 눈을 뜨다

5 보기 벽에 페인트를 <u>바르다</u>
⇨ 그 사람은 생각이 바르다

6 보기 컵에 물을 <u>붓다</u>

⇨ 울어서 눈이 붓다

7 보기 내 생각이 <u>맞다</u>

⇨ 숙제를 안 해서 손바닥을 맞다

8 보기 엄마가 옷을 <u>개다</u>

⇨ 하늘이 맑게 개다

9 보기 선물을 포장지에 <u>싸다</u>

⇨ 마트에서 파는 생필품은 싸다

10 보기 사고로 눈이 <u>멀다</u>

⇨ 내 고향은 멀다

11 보기 학교에 가기 위해 버스를 <u>타다</u>
⇨ 나무가 불에 타다

12 보기 점심으로 국수를 <u>말다</u>
⇨ 엄마가 아침부터 김밥을 말다

13 보기 김칫독을 땅에 <u>묻다</u>
⇨ 그 사람의 이름을 묻다

14 보기 그릇 값을 월급에서 <u>까다</u>
⇨ 밤 껍질을 까다

15 보기 더러워진 옷을 <u>빨다</u>
⇨ 빨대로 주스를 빨다

16 보기 농번기에는 일손이 <u>달리다</u>

⇨ 선수가 트랙 위를 달리다

17 보기 저울에 무게를 <u>달다</u>

⇨ 사탕이 달다

18 보기 더워서 소매를 <u>걷다</u>

⇨ 친구와 공원을 걷다

19 보기 온 힘을 다해서 수건을 <u>짜다</u>

⇨ 소금이 짜다

20 보기 어제 야구경기에서 <u>지다</u>

⇨ 해가 지다

PART 6-4 **사물의 다양한 사용법 생각하기** 255P

1

본래 용도: 밥을 뜰 때 사용한다.

대안적 방법: ① 병뚜껑을 딸 때 사용한다.
② 음식재료를 개량할 때 사용한다.
③ 냉동실에 넣어 차갑게 한 후
눈 마사지할 때 사용한다.

2

본래 용도: 혈관에 약물을 넣을 때 사용한다.

대안적 방법: ① 액체 양념을 개량할 때 사용한다.
② 코 세척할 때 사용한다.
③ 화분에 영양제를 천천히 넣을 때 사용
한다.

3

본래 용도: 손을 닦을 때 사용한다.

대안적 방법: ① 목이나 머리에 두른다.
② 야외에서 깔고 앉는다.
③ 도시락의 겉을 싼다.

4

본래 용도: 발에 신어서 발을 보호한다.

대안적 방법: ① 솜을 넣어서 인형을 만든다.

② 긴 막대기에 씌워서 먼지떨이로 사용한다.

③ 남은 비누조각을 넣어 사용한다.

5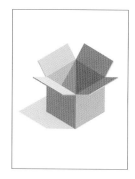

본래 용도: 물건을 담을 때 사용한다.

대안적 방법: ① 불쏘시개로 사용한다.

② 비 오는 날 현관입구에 깔아 미끄러짐을 방지한다.

③ 딱지를 접는다.

6

본래 용도: 물 마실 때 사용한다.

대안적 방법: ① 촛농 받침대로 사용한다.

② 동전을 모으는 통으로 사용한다.

③ 장난감 재료(실전화기 등)으로 사용한다.

7

본래 용도: 자동차가 굴러갈 수 있게 한다.

대안적 방법: ① 주차장이나 하단 경계로 사용한다.

② 배 앞부분에 달아서 충격완화제로 사용한다.

③ 여러 개를 눕혀 쌓고 위에 유리를 깔아서 테이블로 사용한다.

8

본래 용도: 옷을 꿰맬 때 사용한다.

대안적 방법: ① 이(치아)를 뽑을 때 사용한다.

② 실뜨기 놀이를 한다.

③ 모빌이나 장난감을 천장에 매달 때 사용한다.

9

본래 용도: 마실 물을 담는다.

대안적 방법: ① 잘라서 미니화분으로 사용한다.

② 윗부분을 잘라서 깔때기로 사용한다.

③ 잘라서 양말이나 넥타이 보관함으로 사용한다.

본래 용도: 벽을 쌓는다.

대안적 방법: ① 인테리어 소품으로 사용한다.

② 듬성듬성 쌓아서 아궁이 받침대로 사용
한다.

③ 내리막길에서 차바퀴를 고정할 때 사용
한다.

 **본래 용도:** 음료수를 빨아 마신다.

대안적 방법: ① 짧게 잘라서 장난감 목걸이를 만든다.

② 비눗방울을 불 때 사용한다.

③ 가위질을 하고 배수구에 넣어서 머리카
락을 뺀다.

 **본래 용도:** 앉을 때 사용한다.

대안적 방법: ① 사다리 대용으로 사용한다.

② 집 앞에 주차하지 못하도록 장애물로
사용한다.

③ 위에 미니칠판이나 화분을 놓아 인테리
어 소품으로 사용한다.

13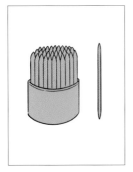

본래 용도: 이(치아)에 낀 음식물을 뺄 때 사용한다.

대안적 방법: ① 햄, 단무지, 고기 등을 꽂아 산적꼬치를 만든다.
② 본드로 붙여서 집 모형 등을 만든다.
③ 고둥 같은 음식을 꺼내먹을 때 사용한다.

14

본래 용도: 목에 맨다.

대안적 방법: ① 허리띠 대용으로 사용한다.
② 핸드백 손잡이부분에 감아서 핸드백을 꾸밀 때 사용한다.
③ 다쳤을 때 감아서 지혈을 한다.

15

본래 용도: 머리에 쓴다.

대안적 방법: ① 모금할 때 모금함으로 사용한다.
② (비둘기가 나오는) 마술도구로 사용한다.
③ (마이클잭슨처럼) 춤출 때 소품으로 사용한다.

PART 6-6 특정 상황의 좋은 점/안 좋은 점 생각하기 271P

1. 복권에 당첨되었다.

좋은 점	안 좋은 점
→ 큰 집으로 이사 할 수 있다.	→ 가족과 주변 사람들이 자신에게 의존한다.
→ 가족들과 해외여행을 갈 수 있다.	→ 도박, 유흥 같은 유혹에 빠지기 쉽다.
→ 하고 싶었던 사업을 할 수 있다.	→ 기존에 하던 일이 시시하게 느껴진다.

2. (지방 소도시에 살던 나는) 대도시로 이사하게 되었다.

좋은 점	안 좋은 점
→ 다양한 문화생활을 즐길 수 있다.	→ 먹거리를 직접 재배하기 어렵다.
→ 많은 사람을 만날 수 있다.	→ 차가 많이 막힌다.
→ 대중교통 이용이 편리하다.	→ 공기가 좋지 않다.

3. 아들이 타 지역에 있는 대학교에 합격했다.

좋은 점	안 좋은 점
→ 다양한 지역의 친구를 사귈 수 있다.	→ 경제적으로 부담(주거비, 생활비 등)이 된다.
→ 독립심, 자립심을 키울 수 있다.	→ 규칙적인 생활을 하지 않을 위험이 있다.
→ 좋은(다양한) 환경에서 공부할 수 있다.	→ 아들을 자주 보기 힘들다.

4. 반려동물을 키우게 되었다.

좋은 점	안 좋은 점
→ 덜 외롭다.	→ 돈이 든다.
→ 책임감이 생겨 부지런해진다.	→ 장기간 집을 비우는 것이 곤란해진다.
→ 즐거움을 준다.	→ 공동주택에서 소음을 일으켜 이웃에게 피해를 줄 수 있다.

5. 집 바로 앞에 대형쇼핑몰이 생겼다.

좋은 점	안 좋은 점
→ 맛집이 많아진다.	→ 차가 막힌다.
→ 필요한 물건을 사는 것이 편해진다.	→ 작은 동네가게는 운영이 어려워진다.
→ 친구들을 주변에서 만나기가 좋다.	→ 집 앞에서도 편한 차림으로 다니기가 곤란해진다.

6. (원래 없던) 중고자가용을 샀다.

좋은 점	안 좋은 점
→ 가고 싶은 곳을 마음대로 갈 수 있다.	→ 운동을 적게 하게 된다(덜 걷는다).
→ 출퇴근이 편해진다.	→ 돈이 든다(주유비, 보험료 등).
→ 주변 사람들을 태워주는 호의를 베풀 수 있다.	→ 고장이 잦아 수리비용이 많이 든다.

7. 눈이 많이 와서 길 한가득 쌓였다.

좋은 점	안 좋은 점
→ 눈사람을 만들거나 눈싸움을 할 수 있다.	→ 쌓인 눈을 치우지 않으면 사람이 지나다닐 수 없다.
→ 폭설이 내리면 학교나 회사에 안 갈 수 있다.	→ 미끄러워서 넘어지기 쉽다.
→ 주변 풍경이 보기 좋다.	→ 차가 막힌다.

8. (4살 아이가 있는 나는) 부모님과 함께 살게 되었다.

좋은 점	안 좋은 점
→ 부모님이 아이를 돌봐주신다.	→ 잔소리를 많이 듣게 된다.
→ 대화를 많이 나눌 수 있다.	→ 육아방식이 달라서 문제가 생길 수 있다.
→ 부모님이 반찬을 해주시거나 살림을 도와주실 수 있다.	→ 부모님께 기대게 된다.

9. 살이 갑자기 많이 빠졌다.

좋은 점	안 좋은 점
→ 몸이 가볍다.	→ 기력이 떨어진다.
→ 날씬해져서 보기 좋다.	→ 옷을 다 새로 사야 한다.
→ 작아서 못 입었던 옷을 입을 수 있다.	→ 얼굴이 늙어 보일 수 있다.

PART 7-1 다른 의미 찾기 276P

1. ③   2. ③   3. ①   4. ②   5. ①
6. ④   7. ①   8. ④   9. ④   10. ④
11. ②   12. ④   13. ④   14. ④   15. ④
16. ④   17. ④   18. ③   19. ②   20. ①
21. ③   22. ③   23. ④   24. ④   25. ③
26. ②   27. ④   28. ①   29. ④   30. ④
31. ④   32. ②

PART 7-3 직유 표현의 적절한 의미 찾기 290P

1. ①   2. ②   3. ②   4. ①   5. ②
6. ③   7. ②   8. ①   9. ②   10. ①
11. ③   12. ①   13. ①   14. ②   15. ①
16. ③   17. ②   18. ②   19. ②   20. ①
21. ②   22. ①   23. ③   24. ③   25. ①
26. ③   27. ①   28. ②   29. ①   30. ②
31. ①   32. ②

경미한 인지, 언어장애 대상자를 위한

인지-의사소통장애 재활 프로그램

초판인쇄 2022년 2월 10일
초판발행 2022년 2월 10일

지은이 김정완 · 장만순
발행인 채종준

출판총괄 박능원
편집장 지성영
책임편집 신수빈
디자인 홍은표
마케팅 문선영 · 전예리
전자책 정담자리

브랜드 이담북스
주소 경기도 파주시 회동길 230 (문발동)
문의 ksibook13@kstudy.com

발행처 한국학술정보(주)
출판신고 2003년 9월 25일 제406-2003-000012호

ISBN 979-11-6801-286-8 13370